国之重器出版工程
制造强国建设
智能制造新模式应用系列

智能制造探索与实践（三）

——试点示范项目汇编（电子信息行业卷）

本书编写组　编写

電子工業出版社
Publishing House of Electronics Industry
北京·BEIJING

内 容 简 介

为深入贯彻落实制造强国战略部署，自 2015 年起，工业和信息化部已连年组织实施智能制造试点示范专项行动，共遴选并确定了 306 个试点示范项目，涉及 92 个行业类别，拉动投资超过千亿元。这些试点示范项目进行智能化改造后，在企业提质增效、降本减耗、提高核心竞争力等方面发挥了积极作用，有力支撑并带动了制造业转型升级，探索形成了一批较成熟、可复制、可推广的智能制造新模式。在组织出版了首批 46 个智能制造试点示范项目案例汇编后，为相关地区、行业、企业实施智能制造提供了借鉴与参考，形成了很好的效果。为扩大试点示范效应，加快示范企业典型经验的推广应用，对 2018 年的智能制造试点示范项目实施情况进行了梳理和汇编，分为《电子信息行业卷》《装备制造行业卷》《原材料行业卷》《消费品行业卷》4 个分册（本书为《电子信息行业卷》），以持续营造全社会推广智能制造的良好氛围。

本书可为政府部门、制造企业及从事制造业政策制定、管理决策和咨询研究的人员提供参考，也可供高等院校相关专业师生及对制造业感兴趣的读者学习阅读。

图书在版编目（CIP）数据

智能制造探索与实践：试点示范项目汇编. 三. 电子信息行业卷 / 《智能制造探索与实践》编写组编写. —北京：电子工业出版社，2020.5

（智能制造新模式应用系列）

ISBN 978-7-121-37480-7

Ⅰ. ①智…　Ⅱ. ①智…　Ⅲ. ①智能制造系统—制造工业—电子信息产业—工业项目—中国　Ⅳ. ①F426.4

中国版本图书馆 CIP 数据核字（2019）第 212637 号

责任编辑：秦　聪
印　　刷：北京捷迅佳彩印刷有限公司
装　　订：北京捷迅佳彩印刷有限公司
出版发行：电子工业出版社
　　　　　北京市海淀区万寿路 173 信箱　邮编：100036
开　　本：720×1000　1/16　印张：11　字数：193.6 千字
版　　次：2020 年 5 月第 1 版
印　　次：2023 年 9 月第 2 次印刷
定　　价：99.80 元

凡所购买电子工业出版社图书有缺损问题，请向购买书店调换。若书店售缺，请与本社发行部联系，联系及邮购电话：（010）88254888，88258888。

质量投诉请发邮件至 zlts@phei.com.cn，盗版侵权举报请发邮件至 dbqq@phei.com.cn。

本书咨询联系方式：（010）88254568，qincong@phei.com.cn。

《国之重器出版工程》
编 辑 委 员 会

专家委员会委员（按姓氏笔画排列）：

于　全　中国工程院院士
王　越　中国科学院院士、中国工程院院士
王小谟　中国工程院院士
王少萍　“长江学者奖励计划”特聘教授
王建民　清华大学软件学院院长
王哲荣　中国工程院院士
尤肖虎　“长江学者奖励计划”特聘教授
邓玉林　国际宇航科学院院士
邓宗全　中国工程院院士
甘晓华　中国工程院院士
叶培建　人民科学家、中国科学院院士
朱英富　中国工程院院士
朵英贤　中国工程院院士
邬贺铨　中国工程院院士
刘大响　中国工程院院士
刘辛军　“长江学者奖励计划”特聘教授
刘怡昕　中国工程院院士
刘韵洁　中国工程院院士
孙逢春　中国工程院院士
苏东林　中国工程院院士
苏彦庆　“长江学者奖励计划”特聘教授
苏哲子　中国工程院院士
李寿平　国际宇航科学院院士

郑纬民	中国工程院院士
郑建华	中国科学院院士
屈贤明	国家制造强国建设战略咨询委员会委员、工业和信息化部智能制造专家咨询委员会副主任
项昌乐	中国工程院院士
赵沁平	中国工程院院士
郝　跃	中国科学院院士
柳百成	中国工程院院士
段海滨	“长江学者奖励计划”特聘教授
侯增广	国家杰出青年科学基金获得者
闻雪友	中国工程院院士
姜会林	中国工程院院士
徐德民	中国工程院院士
唐长红	中国工程院院士
黄　维	中国科学院院士
黄卫东	“长江学者奖励计划”特聘教授
黄先祥	中国工程院院士
康　锐	“长江学者奖励计划”特聘教授
董景辰	工业和信息化部智能制造专家咨询委员会委员
焦宗夏	“长江学者奖励计划”特聘教授
谭春林	航天系统开发总师

本书编写组

企业参编人员：

范瑞茂　田玉卫　顾葆华　张世超　轩传吴　李兴进　章海龙　张利娟
陈其国　田　野　朱建堂　姚飞雄　朱　嵘　许明华　杨静怡　赵经纬
宋关坤　刘碧霞　张军强　田增国　潘前锋　欧　锴　谭敬军　王小玲
刘朝晖　陈美颖　林诗美　沈　航　朱　琳　宋紫微　周靖波　唐　麟
陆　源　董　洁　曹　伟　郑盛涛

编辑部人员：

徐　静　郭穗娟　秦　聪　管晓伟　宁浩洛　许存权

前言

习近平总书记指出，“新科技革命和产业变革的时代浪潮奔腾而至，如果我们不应变、不求变，将错失发展机遇，甚至错过整个时代”。智能制造作为这场变革的重要标志，业已成为工业发达国家竞逐的焦点。

近年来，我们积极贯彻实施制造强国战略，把发展智能制造作为主攻方向，初步构建形成了智能制造多方协同推进体系，设计了“研究牵引、上下协同、领先示范、标准推广、应用拉动”的实施路径，以试点示范、新模式应用推广、标准体系建设和系统解决方案供应商培育为具体抓手，智能制造发展取得了明显成效。尤其是从 2015 年开始的智能制造试点示范专项行动，在中央的统一领导下，各行业、各地区和广大企事业单位密切配合、协同推进，聚焦制造关键环节，解决技术融合难题，探索系统解决方案，加快面上整体提升，注重标准引领、创新迭代，遴选出 306 个智能制造试点示范项目，建成208 个具有较高水平的数字化车间/智能工厂和 188 个智能制造标准试验验证平台，培育出 35 家主营业务收入超过 10 亿元的系统解决方案供应商，推动企业制定智能制造标准草案近千余项，涉及 92 个行业类别，拉动投资超过千亿元，初步形成了各具特色的区域智能制造发展路径，有效促进了制造业的转型升级。

在连续推进智能制造试点示范专项行动中，一批先行先试的企业不断探索与实践，在不同行业起到了引领示范作用。一是装备制造行业示范企业通过实施智能制造有效解决了多品种、小批量、快响应等共性行业问题，实现了柔性化、可定制生产，远程运维技术与应用模式趋于成熟，带动企业由生产型制造向服务型制造转变的步伐明显加快，装备制造企业智能化转型，有效拉动了智能装备产业的投资和发展。二是电子信息行业示范企业实现了设备的互联互通、数据的纵向集成，信息开始在企业内自动传递，可以被终端获取、分析；推动了产业链各企业在研发、设计、生产、制造、供应链管理等价值链环节综合集成，为进一步提高产业链协作效率打下基础。三是消费品行业示范企业实现快速响应用户的需求，快速交付产品，产品质量追溯、大规模个性化定制能力得以提升，产品品质的稳定性和可靠性也进一步提高。四是原材料行业示范企业针对工艺复杂、控制点多、系统庞大等问题，通过数字化车间、智能工厂建设，感知、预测、协同和分析能力明显提升，有效提升了企业在资源配置、工艺优化、过程控制、产业链管理、质量控制与溯源、节能减排及安全生产等方面的智能化水平。

为继续扩大试点示范效应，我们组织对 2018 年的智能制造试点示范项目实施情况进行了梳理，归纳典型做法和经验并汇编成书，分为装备制造行业、电子信息行业、消费品行业、原材料行业四卷，围绕五种智能制造新模式以及工业互联网和人工智能等新技术创新应用，系统阐述示范企业实施智能制造的具体做法、实践经验和示范意义，可为相关地区、行业、企业推进智能化制造提供借鉴与参考。案例中既有大型企业在智能化改造方面的难处与对策，也有中小企业智能转型升级的困难和办法，期望广大企业能够参考借鉴，找准发展智能制造的切入点和落脚点，降低试验成本和风险，加快智能化转型升级，以持续营造全社会推广智能制造的良好氛围。

智能制造是新一代信息通信技术与先进制造业深度融合的新型生产方式。加快发展智能制造，不仅有利于优化提升产业链、价值链，而且有利于推动制造业质量变革、效率变革和动力变革，从根本上解决制造业高质量发展问题。在新的形势下，我们要以习近平新时代中国特色社会主义思想为指导，不折不扣地贯彻落实党中央、国务院的决策部署，全力以赴推动智能制造再上新台阶，以扎实的成效推动制造业数字化、网络化、智能化发展，为加快制造强国建设做出新的更大贡献。

目录

01

高效太阳能光伏组件数字化车间试点示范

——晶澳太阳能有限公司

一、项目实施背景与状况

（一）项目实施背景

随着我国对光伏发电越来越认可及光伏发电成本不断降低，光伏市场在近几年迎来了跨越式增长，而与此不相对应的是现有光伏产能中有相当一部分技术落后、自动化程度低，面临淘汰。未来对低成本、高效率的光伏产品有很大的需求，使传统光伏电池及组件生产方式升级为智能制造变得尤为迫切和必要。

晶澳太阳能有限公司（以下简称晶澳）建设的高效太阳能光伏组件数字化车间从原材料准备开始，经自动焊接、自动排版、自动层压等 20 多道工序，整个环节可全程进行信息控制和管理，实现人与机器、机器与机器间的高效对话。该生产线还有强大的生产制造执行系统和可视化生产管理系统，利用物联网、监控可视、数据集成等持续加强信息化管理服务，构建高效、节能、绿色、环保、舒适的人性化工厂，打造光伏行业智能制造的标杆。

（二）项目实施的主要思路和目标

本项目在建设之初就提出制造行业最高级别自动化生产线的目标。针对目前生产线上的功能单机多数只能实现半自动化的实际情况，晶澳多方考察供应商，提出全自动化解决方案，同时汇总公司生产经验，提出现场自动化设备与工厂制造智能集成方案，实现物流、财流、数据流的有效传输，实现生产线的自动化，使原物料管控、在制品数据跟踪、品质实时监测、工艺数据追溯、成品仓储管理实现自动处理和数据无缝衔接。

本项目将实现每一个产品从产品订单到出库发货的全程数据自动处理，关键数据自动备份，全生命周期实现闭环数据流追溯。

自动化生产提高了产品品质的一致性，数据处理的智能化增强了产品制作过程的品质与成品监控。丰富的数据与及时有效的数据分析使生产线管理更加有的放矢，产品品质更加稳定，项目目标是总体质量的大幅攀升、客诉率及成本的大幅下降。

通过本项目的实施，建成了智能、高效率、低能耗、高数控化率的太阳能电池组件生产车间，各项指标达到项目预期的效果，坚定了公司智能化发展的信心。

二、项目主要实施内容

（一）项目实施的主要内容

本项目为离散型智能制造项目。工厂的总体设计、工艺流程及布局均已建立数字化模型并进行模拟仿真，实现规划、生产、运营全流程数字化管理，具有自动化、数字化、智能化程度高的特点。

（1）在系统方面，项目中基于各种设备通信协议及接口的差异，通过不断地优化改进，实现了多种不同的数据采集方式。SCADA 通信模块、JDBC 方式、WebService 接口、Upload 软件、自动扫描枪等实现了生产进度、现场操作、质量检验、设备状态、物料传送等生产现场数据自动采集。

（2）建立了车间制造执行系统（MES），实现计划、调度、质量、设备、生产、能效等管理功能。建立企业资源计划（ERP）系统，实现供应链、物流、成本等企业经营管理功能，并利用内部通信网络系统架构实现了MES 和 ERP 系统之间信息的互联互通。

（3）项目建立了工业信息安全管理制度和技术防护体系，使用云存储对数据进行备份，加强了数据安全。

（4）在技术方面，针对组件生产原 / 辅材料种类复杂、订单需求变化多样、工艺变化复杂、设备种类繁多等实际问题，项目团队充分采用“ERP+MES”软件集成解决方案，对工厂的每个材料、产品、设备、单位物料使用电子标签；对工厂环境（温度、湿度、噪声、污染度）进行监控；对整个生产过程中的每个工单、每个环节、每个工位、每台机器、每位员工进行有机的数据采集和管理，将监控安防、动力系统、业务系统及工厂建筑等与虚拟现实结合。

（二）项目采取的主要措施

1. 生产管理智能化

通过工厂的信息共享与流程自动化的实施，最大限度地提高生产效率与产品良率，从而达到降低生产成本、改善生产管理的目的。如图 1-1 所示为晶澳生产管理智能化架构。

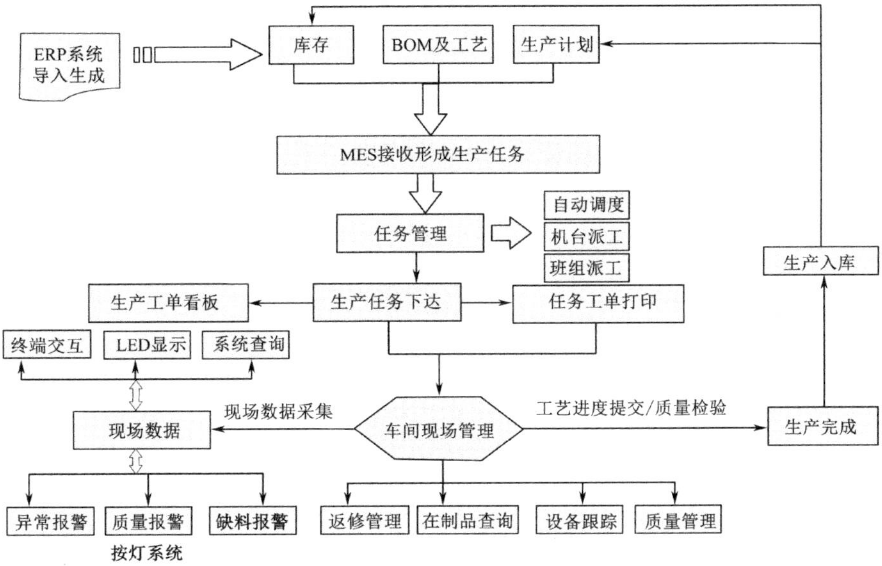

图 1-1　晶澳生产管理智能化架构

2. 生产运行智能化

一是对生产制造过程的状况实时反馈。通过 MES 追踪从创建批次、作业准备、加工作业，到批次流转、返工、异常、暂停、报废、组托、入库等的生产全过程。对生产作业过程的每一个行动细节进行记录追踪，实时反馈生产现场的在制品状况，并对批次作业情况、生产完成情况进行实时反馈。

二是对制造车间作业过程的管制。除了对生产现场的反馈，MES 最重要的是对作业过程的控制，保证批次准时投料，并在正确的加工时间选择正确的加工设备，使用正确的工艺对正确的批次进行作业，从而保证生产线的顺畅运转，尽可能减少加工错误、操作错误、批次积压与堆积等不良生产状况的发生。MES 同时提供合理的操作员作业模式和完善的控制功能，以保证管理层对制造部门、班组、操作人员的各项指令能够顺序下达并执行。

3. 设备管理智能化

信息系统为设备管理（PM）提供科学的解决方案，包括设备运行期间的全状态管制和设备管理。用户可自定义设备状态流转模型，记录设备每次状态转换的时间、原因及操作员，保证对设备状况实施监控，包括设备状态、当前作业批次、等待作业批次等。MES 提供设备工艺能力的管制，以保证加工时设备的正确使用，同时提供两种设备维护模式——计数模式和定时模式，以满足不同设备类型和不同管理方式。对 PM 维护内容和 PM 作业条件及 PM 作业过程进行了严格管控，以便于对设备历史记录的追踪和分析。如图 1-2 所示为晶澳生产运行智能化架构。

4. 异常管理智能化

统计过程管控（SPC）系统为异常状况提供完善的监控与处理机制，所监控的内容包括在制品流通异常、工艺参数采集异常、作业时间异常、设备维护异常、良品率异常。对工厂可能出现的异常情况可通过 SPC 系统进行预设和监控，并可由用户自定义发生异常的处理动作，发送短信报警、暂停批次、暂停设备等。完善的异常监控与处理机制能够保证生产过程的顺利进行，对制造过程中出现的各种异常情况进行即时控制与处理，从而避免影响生产任务计划、严重工艺质量问题、拖延交货日期等情况发生。

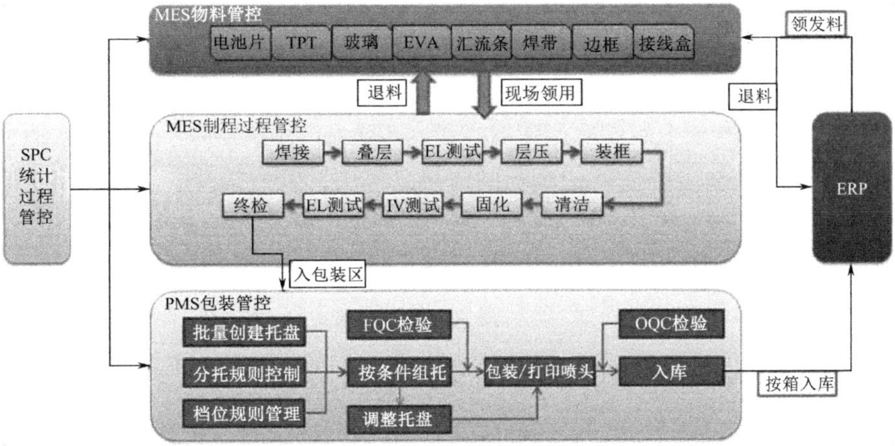

图 1-2　晶澳生产运行智能化架构

三、实施成效

（1）本项目实现了生产效率提高 50%，运营成本中非硅成本降低 10%，产品升级周期缩短 30%以上，不良品率降低 1.92%，单位产值能耗降低 23%。

（2）使用智能 EL 镜检一体机应用人工智能技术，通过视觉化传感器，可自动识别并记录绝大多数产品的缺陷类型，并能不断地自主学习，通过人工辅助扩充数据类型，检出成功率由开始的 98%提升至目前的 99.98%，相对其他非智能检测设备具有准确率高、效率高，并能不断降低工作强度和人工成本的优点。本项目采用了超过 90%的国产自动化设备，具有自动化、数字化、智能化程度高的特征，自动生产线数控化率达到了 100%。

（3）在上玻璃、自动一层 EVA 铺设、自动模板机焊接段、层压段、装框段、流水线、固化线、贴铭牌等工序上实现了自动化操作，减少了人工，提升了产品的品质，提高了产能。

（4）2017 年 12 月，晶澳研发的 60 型单晶 PERC 组件功率经权威检测机构 TUV 南德实验室验证达到 326.67W，刷新了当时的世界纪录。晶澳专注于最优化的光伏组件装配流程，在已有的先进组件技术基础上进行智能制造一体化车间建设，提高了组件效率和可靠性。

四、实施经验

（1）人工智能在组件生产中的实践。本项目使用机器人手臂自动排版代替人工排版，使组件生产的瓶颈问题得以解决，极大提升了工作效率，降低了碎片率和人工成本。产品检测环节引入带有增强现实技术的智能 EL 镜检一体机，检测识别率持续提升。

智能一体化的组件生产车间将光伏制造业工艺技术需求融入数字化、智能化制造系统中，实现光伏制造业在新产品设计、生产工艺技术化、制造过程等方面的高效、环保，提高晶澳光伏电池组件的国际竞争能力。

（2）从系统性规划入手智能制造。智能制造不仅仅是数控机床、机械手、MES 的堆积使用，而是一个全流程的系统。软件、硬件、管理和人才的规划是前提，再明确标准和实施路径，最后是实施、修正、完善和升级。

（3）带动相关产业发展。本项目联合了设备厂商、光伏制造企业、软件企业，通过协同创新，采用全数字化制造生产线平台及相关核心技术装备，尽量采用通用成熟技术，减少个性化定制与二次开发，在推广的同时可减少一些重复性的工作，并可在行业内其他企业中进行智能一体化模式的复制，高效地支持智能制造工厂发展的同时，通过项目的示范带动作用，可以促进国产光伏设备、软件系统集成等行业的协同、可持续发展。

（范瑞茂、田玉卫　供稿）

02

8.5 代 IGZO TFT 显示面板智能制造试点示范

——南京中电熊猫平板显示科技有限公司

一、项目实施背景与状况

南京中电熊猫平板显示科技有限公司（以下简称中电熊猫）实施 8.5 代 IGZO TFT 显示面板的智能制造，既符合我国制造业发展的内在要求，也是电子信息产品的市场需求，有助于我国信息技术产业实现转型升级。本项目建设以“工业 4.0”和制造强国战略为导向，重点对自动化、信息化进行融合，针对新型显示超高清面板的行业发展趋势，重点解决面板制造全过程（环节）信息互联互通的问题，项目以全球首条 8.5 代 IGZO TFT 显示面板生产线为实施地，是离散型智能制造试点示范项目，建设周期 2 年，采用工业互联网平台、工业云计算等工业互联网集成技术，应用高安全、高可信的嵌入式实时工业操作系统、机器人、传感器等自主可控核心技术、装备，开展面板智能制造新模式应用。

（一）项目实施背景

新型显示是信息产业重要的战略性和基础性产业；加快新型显示产业发展对我国信息产业向中高端转型升级，提升产品质量和服务能力，培育经济发展新动力具有重要意义。

当前，新型显示智能制造日益成为制造业发展的重大趋势和核心内容，大力发展智能制造有助于制造业企业改变现有生产与经营模式，由单纯加工制造向系统集成与服务转型升级，持续提升企业综合实力和竞争力；半导体显示领域的智能制造水平不断提升。

随着新型显示技术日新月异的发展和互联网智能移动产品的快速推广应用，消费者对显示产品的高分辨率、大尺寸化的需求日益提高，但我国新型显示产业的生产、技术环节距达到国际先进水平还存在一定差距。

中电熊猫将通过建设 8.5 代 IGZO TFT 显示面板智能工厂，树立国内新型显示产品制造企业在产品设计、工艺、制造、品质、物流等方面的最高标准，从而提升我国新型显示产品在国际市场上的竞争力。

（二）项目实施的主要思路和目标

本项目参照行业现状，以行业发展趋势和先进信息技术应用为主线，立足长远发展，确立智能工厂建设的主要思路和目标：通过总体规划、分步实施，打造智能工厂。第一步，重点开展基础性调研工作，完成总体设计方案；第二步，以企业实际应用为导向，建设一套采购、物流、研发、生产、质量、销售、成本等一体化的信息化平台。以“信息化带动工业化”，完成企业工业互联网平台建设；第三步，以工业互联网平台为导向，使信息一体化平台更加完善，建成高度自动化、数字化、可视化、模型化和集成化的智能工厂。

本项目以建设全球最先进的 8.5 代 IGZO TFT 显示面板智能工厂为目标。通过项目实施，提高生产效率，降低运营成本，缩短产品研发和生产周期，提高产品良率，降低单位产值能耗，提高企业的市场应变能力和竞争力。

（三）项目特点

项目在现有系统应用、生产设备的条件和基础上，大胆进行集成创新及消化吸收再创新，打破了系统与设备的壁垒，实现了系统与设备的信息交互。项目在初期阶段就已经考虑了后续信息化建设的补充和延展，随着企业的不断发展，以及制造业与互联网融合发展要求的不断提高，信息化建设也将在系统应用与集成的推动下不断得到完善。

在系统应用方面，更深、更广地采用系统集成方式。提高系统的有机构成、效率、完整性、灵活性，简化系统的复杂性，最终为企业提供一套切实可行的完整的解决方案，提高每个人和每个组织机构的工作效率，通过系统集成来促进企业管理和提高管理效率。

在数据库安全方面，公司生产系统数据库深度采用实时应用集群（RAC）技术。这是 Oracle 数据库支持网格计算环境的核心技术，具有高可用性、高性能、高可伸缩性。同时，随着公司产量提升、业务拓展，基于 RAC 高伸缩性的特性，极大地缩短了服务器运行所需要的时间，提高了系统应用的稼动率。

二、项目主要实施内容

（一）总体架构和技术路线

中电熊猫以企业资源计划管理（ERP）系统为核心运营平台，集成计算机制造系统（CIMS）、品质管理系统（QMS）、自动仓储管理系统（WMS）、数据集市（DM）系统、供应商电子数据交互平台（Web-EDI）、产品全生命周期管理（PLM）系统等生产经营系统，打造智能制造一体化解决方案（见图 2-1）。

（二）实施方案

1. 运营决策智能化

企业资源管理（ERP）系统以最大限度地降低产品库存为导向，指导生产并进行物料需求运算，以此推动采购的发生和生产的执行，最终达成客户交期，各部门根据系统数据快速响应，整个业务过程简洁、快速、高效（见图 2-2）。同样，ERP 在成本核算方面发挥着巨大的作用，从产品的研发、试产、量产三个不同阶段，精确统计各自的生产成本，通过利润分析给公司的运营策略提供多维度的数据支撑，以达到公司效益的最大化。

2. 研发创新智能化

产品全生命周期管理（PLM）系统覆盖了产品研发、设计、制造、运维等各阶段的业务管理需求，满足各单位的企业资源管理、产品结构管理、业务过程管理、需求管理、项目管理、科技项目管理、工艺管理、系统集成及其他功能要求。

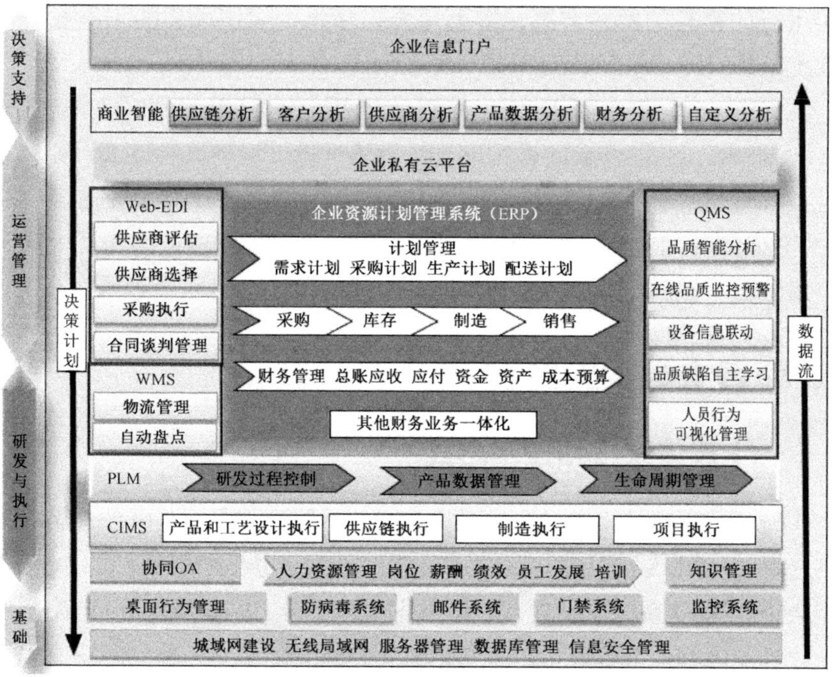

图 2-1　中电熊猫智能制造一体化方案

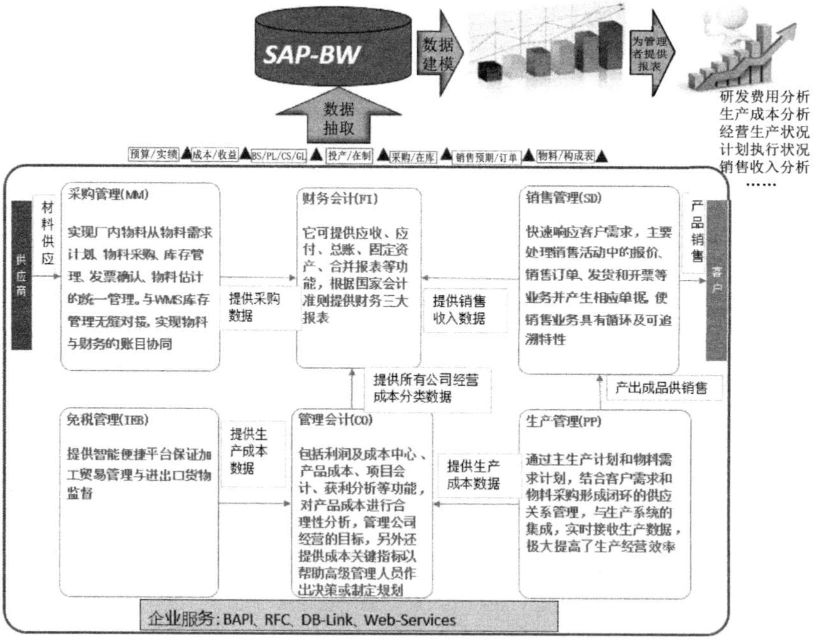

图 2-2　中电熊猫 ERP 系统架构示意图

中电熊猫从产品创新根源上做起，将串行研发流程转变为根据用户需求持续改进的闭环智能研发流程，感知用户需求并灵活做出调整，同时融入智能制造相关新兴技术，形成从用户到用户的产品研发循环。即在产品设计需求分析阶段就开始进行市场与用户相关数据的分析，其中包含用户直接参与基于自身喜好的产品定制过程，以及产品在使用过程中反馈相关运行数据来指导改善原设计方案的过程，形成一个往复循环、持续优化的智能研发过程。

3. 生产制造智能化

（1）数字化、可视化制造执行。

计算机集成制造系统（CIMS）代表了当今工厂综合数字化、可视化乃至自动化的最高水平（见图 2-3），被誉为未来的工厂。多系统集成是智能生产和协同的基础，CIMS 依托生产计划管理、设备可视化管理、智能物流、生产智能分析等系统功能，与其他系统协同工作，实现智能生产和协同，能够将信息技术、现代管理技术和制造技术相结合，提高企业的市场应变能力和竞争力。

（2）可追溯、智能分析的品质管理。

在公司现代化、自动化液晶面板生产过程中，品质智能分析管理系统（QMS）将生产的各方面数据进行采集、整合、分析，为生产和品质管理提供准确的数据，为机台运行提供准确的基板情报，为生产过程中的品质异常提供实时监控报警，为品质管理提供精准的良率结果，为产品的品质异常提供完整、多样化、智能化的追溯分析方案（见图 2-4）。

（3）可视化、标准化仓储管理。

仓储管理系统是通过入库业务、出库业务、仓库调拨、库存调拨和虚仓管理等功能，对批次管理、物料对应、库存盘点、质检管理、虚仓管理和即时库存管理等功能综合运用的管理系统，有效控制并跟踪仓库业务的物流和成本管理全过程，实现或完善企业仓储信息管理（见图 2-5）。

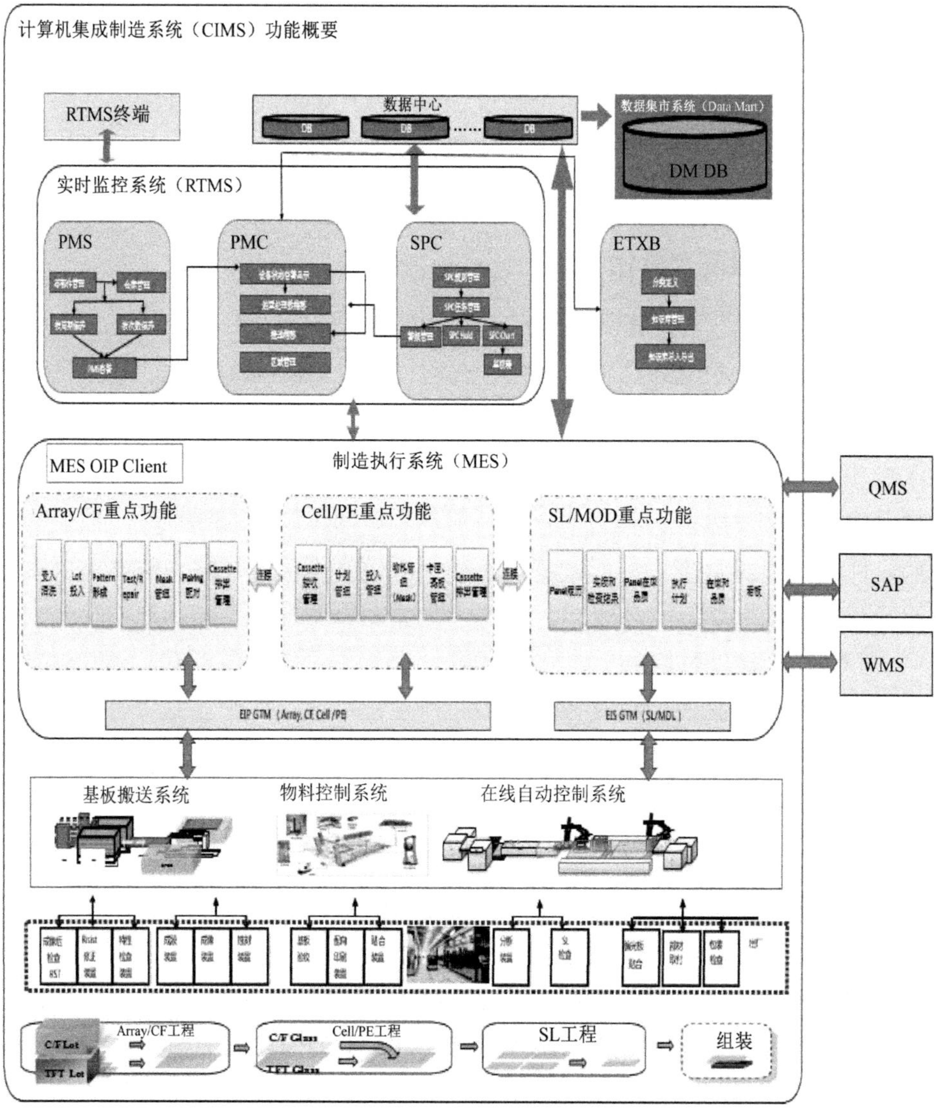

图 2-3　中电熊猫 CIM 系统集成示意图

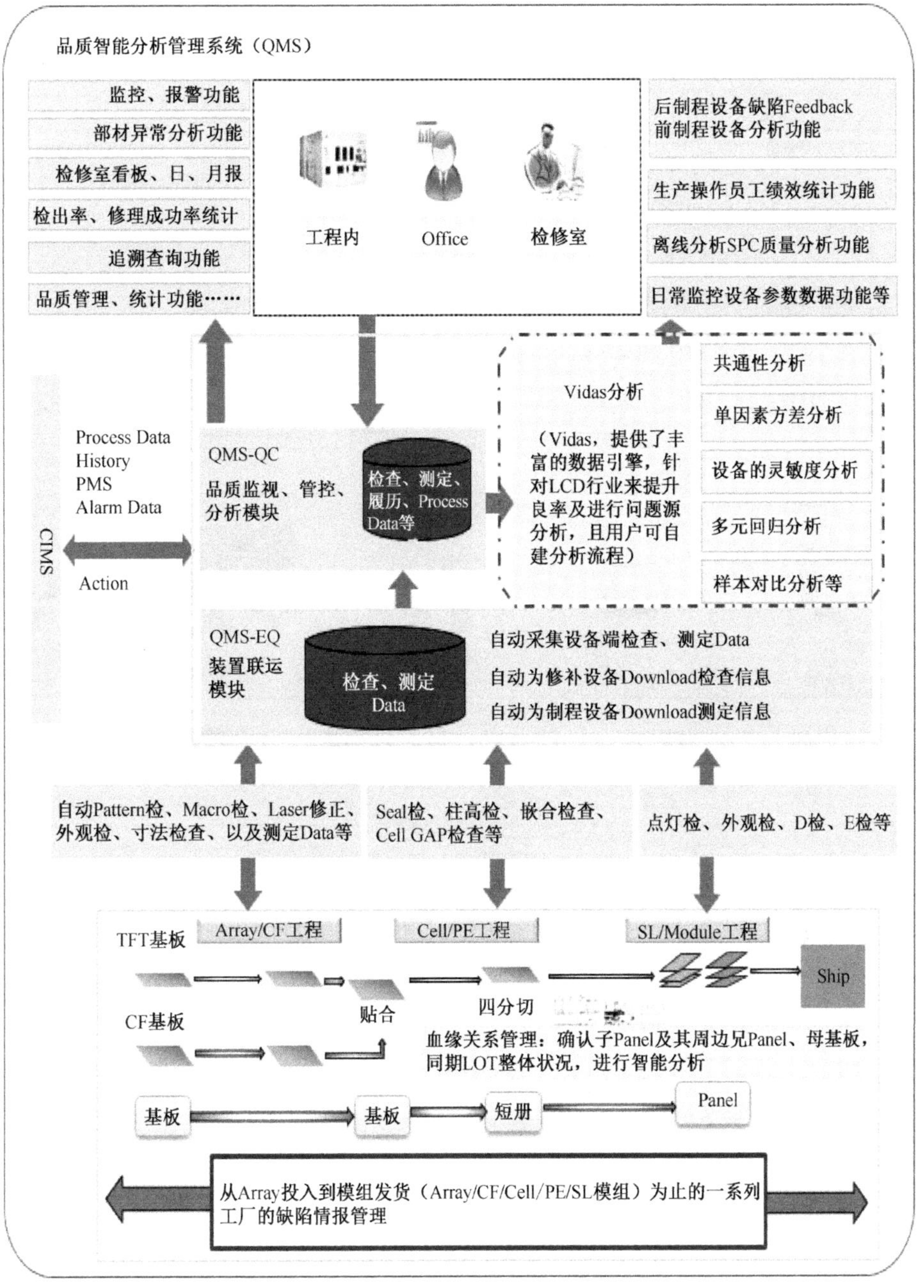

图 2-4　中电熊猫品质智能分析系统

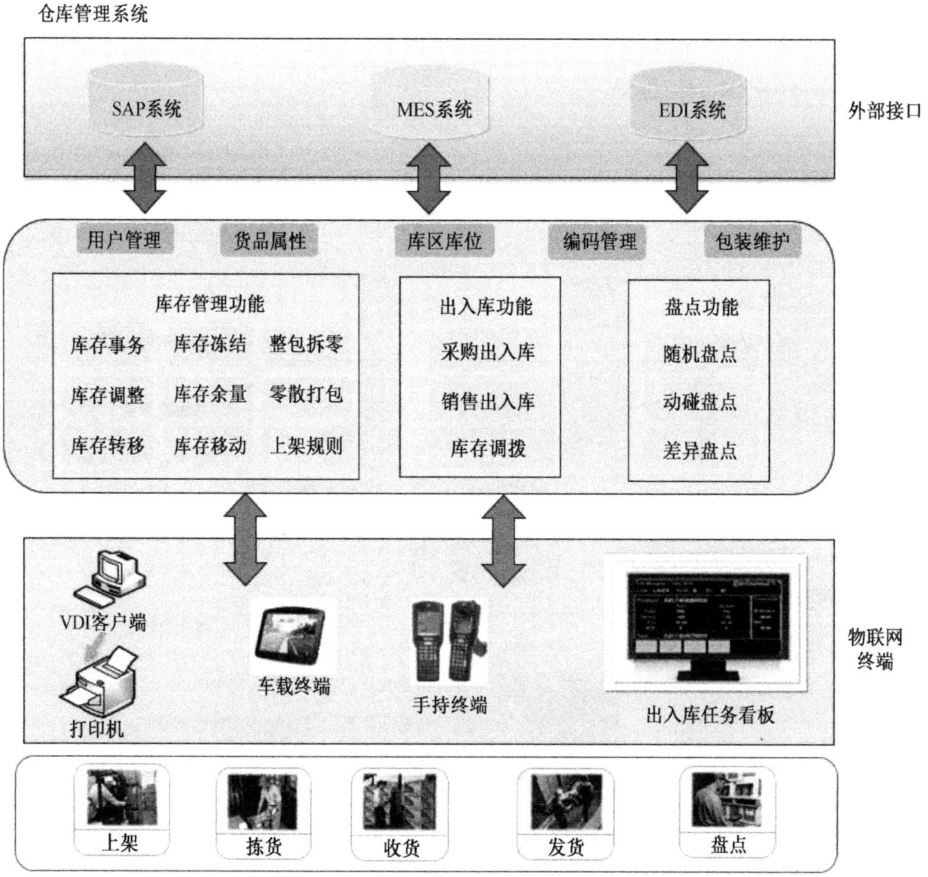

图 2-5　中电熊猫仓储管理系统

4. 设备保养智能化

设备预防保养系统（PMS）可定期或定量对设备进行保养，排除潜在的问题（见图 2-6）；运用大数据平台，建立设备健康度模型，智能预测设备保养日期，提高企业的设备管理水平，员工只需用 PAD 在现场扫描条码，就可实现在线点检，并立即获得保养表单和相关操作说明书。PMS 还可与电子邮箱、微信绑定，进行实时监控和跟催故障排查，保证设备始终处于良好的工作状态和生产质量，延长设备使用寿命，提升企业经济效益。

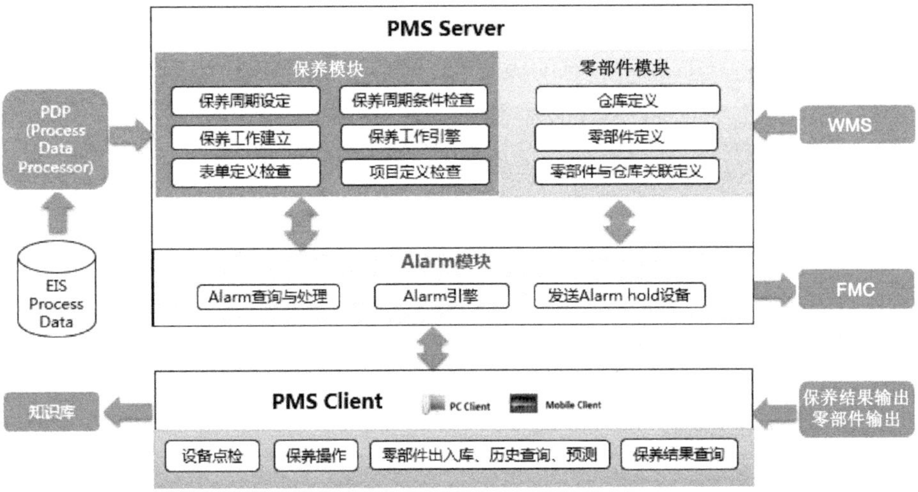

图 2-6　中电熊猫设备预防保养系统

三、实施成效

（1）工业互联网平台建设。

公司信息化项目建设已经初显规模。在信息安全基础建设方面，采用园区网建设方案，分为生产网、办公网、安防网三大核心网络，各网络之间通过部署防火墙的方式实现逻辑隔离，通过安全策略限制相互之间的数据访问，实现了各网络之间按需访问、严格管控，做到网络设施覆盖和信息系统统一架构。

生产制造过程依托工业互联网平台、工业云计算等工业互联网集成技术，应用高安全、高可信的嵌入式实时工业操作系统、机器人、传感器等自主可控核心技术、装备，通过已约定好的通信协议，与各类设备端的串口、PLC、工控机进行通信，实现实时的数据采集，支持生产车间内所有设备、生产工艺参数、生产过程设备参数的采集；结合在线统计过程控制技术，实现全流程生产工艺数采率达到 90%以上。

（2）“两化融合”发展。

针对 8.5 代 IGZO TFT 显示面板智能工厂，基于国产机器人的智能运储系统成套装备，包括阵列、彩膜、成盒等过程中涉及的制程间基板收发系统、制程工艺过程中的基板传输系统等，研发平板显示工厂智能运储系统中各核心装备，构建各车间以块控制为核心的底层实时控制系统和管理系统，实现设备及基板间信息的收集和自动生产调配，以提高国内平板显示工厂的生产质量、生产效率及智能化能力。

（3）项目产品先进的绿色节能特性具有深远的生态意义。

项目采用全球最新的IGZO工艺技术，IGZO产品关断特性是a-Si的100倍、LTPS的1000倍，驱动功耗是传统产品的1/5～1/10，产品节电优势明显。对高分辨率产品，采用透明CS工艺技术，增加透过率，减少背光源消耗10%以上。

四、实施经验

（1）在信息集成系统升级的同时将生产运营系统高度集成起来，充分发挥它们各自的优势。打通各系统之间的壁垒，实现互联互通，打通企业决策、管理、规划、产品设计与制造过程之间的障碍，对从订单下达到产品生产的制造过程进行优化管理，提高企业的及时交付能力。

（2）建设智能生产一体化平台，监视生产整体情况，管理生产目标；实时采集质量、效益、消耗、生产、能源、污染等参数数据，监测其一致性；及时生成分析报告，以邮件、微信等多途径方式推送，降低生产成本、提高能源利用率、达到节能减排的目标，创造良好的社会效益，进而实现提高公司利润的最终目标。

（3）建设8.5代IGZO TFT显示面板生产数字化智能工厂，通过对智能制造数字化生产线核心技术开发、智能组装线的实施，降低人员操作劳动强度，提升产品效率和质量，降低运营成本。

项目的开展不仅能促进显示行业相关技术的进步，其产业化生产也将产生相关的市场需求，推动地方产业结构实现优化升级，促进智能制造产业发展。项目所形成的超高清显示面板产品智能工厂新模式，通过制定相关标准，解决超高清显示面板产品制造行业在产品设计、工艺、制造、品质等环节的问题，能快速在行业内进行推广和应用，促进行业内智能制造水平迈上新的台阶，达到国际先进水平，使企业成为国内“高品质、高效率、低成本”的新型显示行业智能绿色制造的示范及标杆企业，并为做大做强新型显示行业提供创新示范。

（顾葆华、张世超　供稿）

03

光纤光缆智能制造试点示范

——江苏亨通光电股份有限公司

一、项目实施背景与状况

（一）项目实施背景

新兴技术的不断进步推动了快速创新，如二十世纪八九十年代的计算机发展，以及二十一世纪初兴起的互联网等。当前，全球正出现以信息网络、智能制造、新能源和新材料为代表的新一轮技术创新浪潮，对产业发展产生了日益深刻的影响。智能制造作为此轮产业革命的核心组成部分，是影响未来全球制造业竞争格局和我国制造业转型升级方向的根本性要素。只有主动加快促进智能制造技术的突破和大规模应用，才能有效应对新一轮技术革命对全球制造业可能造成的巨大冲击。

智能制造可以大幅提高劳动生产率，减少劳动在工业总投入中的比重。发达工业国家的先行经验表明，通过发展工业机器人、高端数控机床、柔性制造系统等现代装备制造业控制新的产业制高点，运用现代制造技术和制造系统装备传统产业来提高生产效率，能够对重塑制造业和实体经济腾飞提供充分的可能性。江苏亨通光电股份有限公司（以下简称亨通光电）提出了光纤光缆智能制造示范项目，力求通过智能工厂的建设带动整个光通信行业向智能化建设方向迈进。

（二）项目实施的主要思路和目标

亨通光电光纤光缆智能制造示范项目利用信息物理系统及互联网、物联网等技术与制造过程的深度融合，通过射频识别（RFID）电子标签的应用、机器人（机械手）、立体输送系统、智能检测系统、图像识别与控制及工业以太网系统等技术集成应用，云端一站式控制系统的开发、智能供料系统的开发以及借助软件产品计算机仿真设计，实现工厂的生产管理信息化及生产过程的自动化、数字化、智能化，从而加强及规范企业管理、优化生产流程、质量管控过程化（质量管控前移），优化工艺参数、降低劳动强度、提高劳动效率，进一步实现产业链协同智能制造。

本项目不仅可以为企业带来巨大的经济效益，同时可以优化公司内部运营，有效提升设备产能与生产效率，保证公司的可持续竞争力，这对光通信行业中的其他生产厂商，包括竞争对手与合作伙伴，都可以起到有效的示范作用，从而推动互联网与整个光通信行业的融合与发展。亨通光电已起草《光缆企业智能工厂建设标准》企业标准，计划通过企业标准向行业标准甚至国家标准迈进，进一步实现本项目的全行业示范推广作用，使光通信行业的智能化建设水平能够很好地匹配国家战略及行业发展需求，推动经济的发展。

2019 年年底，亨通光电的运营成本降低 25%，产品研发周期缩短 25%，生产效率提升 18%，产品不良率降低 27%，生产能源利用率提升 20%。

二、项目主要实施内容

（一）项目实施的主要内容

亨通光电将建成统一的覆盖全业务流程的基础设施管理平台及信息化系统，实现各部门间信息化管理系统的无缝连接，并实现从研发设计—生产制造—物流发货—终端服务全业务流程的智能化建设，提升运营效率，使运营成本最优化。

如图 3-1 所示为亨通光电智能工厂模型设计示意图。

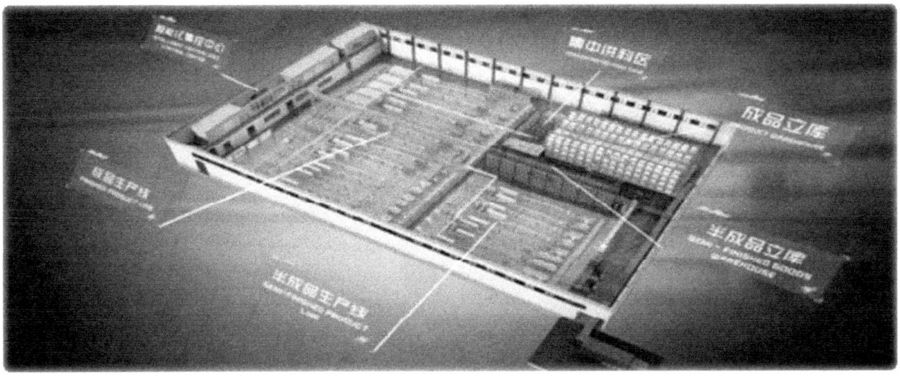

图 3-1　亨通光电智能工厂模型设计示意图

如图 3-2 所示为亨通光电光缆工厂流程示意图。

图 3-2　亨通光电光缆工厂流程示意图

（二）项目采取的主要措施

1. 建设覆盖全业务流程的基础设施管理平台及信息化系统（见图 3–3）

（1）在订单管理方面，将工业大数据与客户关系管理（CRM）系统端口对接，实现数据共享，销售人员与客户可通过 CRM 系统实现在线查询、在线下单，实时了解产品生产情况。

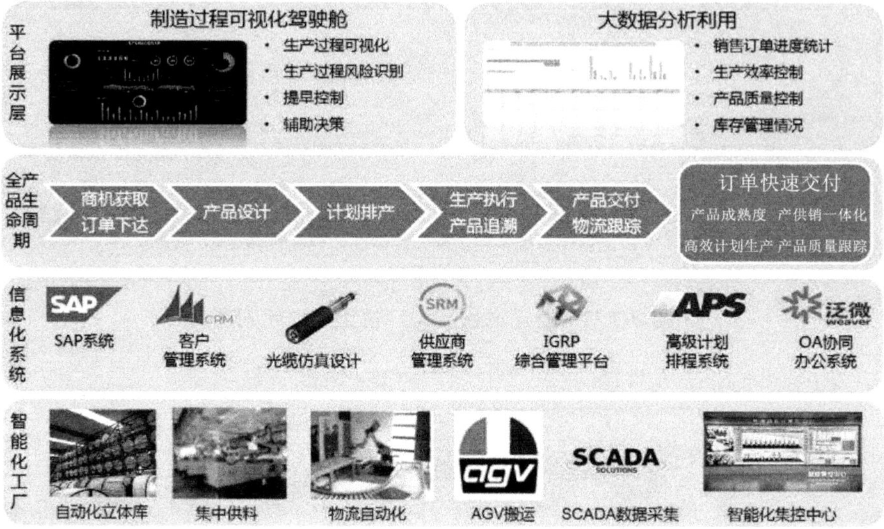

图 3-3　亨通光电全业务流程管理平台

（2）在产品研发方面，亨通光电与南京邮电大学合作开发光缆仿真设计系统，通过工业大数据导入，对下单产品实现在线建模、成本预算、产品性能指标显示等效果。

（3）在生产计划方面，在线下单的产品通过先进排产系统（APS）部署，可实现各生产机台智能、高效、准确的排产，系统正式上线使用后，可大大提高排产的合理性、减少计划人员配置，提高排产效率。

（4）在生产执行方面，亨通光电研发并引入业界领先的高级自动化生产设备，融合智能化理念对设备进行改造与升级，结合自动物流系统，将企业内部半成品及成品实现自动输送。此外，通过 RFID 电子标签进行串联，使传输线或 AGV 搬运小车具有产品信息读取功能，实现半成品在工序间的自动配送，使机械手与传输线集成信息采集功能，实现成品的自动码垛、打包与配送及自动仓储，最终实现制品物料流与数据流的同步传递，从而加快物料流转。亨通光电以自主研发综合运营管理平台（IGRP）为核心，将公司的制造执行系统（MES）与 CRM、SAP 订单数据对接，系统前期规划生产计划排程、生产过程执行、仓储管理、质量检测、出入库管理五大模块，后期系统将对接 APS 模块，直接将生产计划自动转换为生产命令下达到机台。与此同时，系统还将对接供应商管理系统（SRM），通过 SRM、SAP、IGRP 等系统的综合集成应用，建立供应链产品上下游协同一体化平台，保障原材料供应，实现库存最优化，提高产能。

（5）在产品交付方面，引入运输管理系统（TMS），实现产品在途实时跟踪，最终达到产品全生命周期管控。

2. 先进设计技术应用和工艺技术

在产品的设计中，亨通光电采用 3D 设计保证零件、装配、图纸、工艺卡片、加工代码数据来源的一致性，并减少设计、工艺和生产各部门的重复工作。亨通光电通过统一的设计规范，保证设计所产生的 3D 零件直接用于 2D 工程图生成、工艺设计及数控加工的编程，通过重复使用产品设计数据提高生产效率。

在 PDM 系统中可以将 CAD 设计的产品装配图自动地分解成产品结构树，零件和装配关系自动对应，从而保证数据源的唯一性和完整性。产品结构管理具备了多种形式的视图选择，员工可以在友好的工作界面中显示所需要的信息窗口，默认的视图形式将显示成树状的信息结构，其图标表示不同的内容和引导关系，每一个视图都提供了通向 PDM 相应功能的途径，实现对当前视图的信息操作和编辑。

3. 关键技术装备应用

目前亨通光电车间内智能化、自动化设备总数约 420 台（套），其中车间生产、检测设备均采用现场总线、以太网、物联网和分布式控制系统等信息技术和控制系统进行数据联网，数量合计约 380 台（套），占智能化、自动化设备总量的 90.47%。

（1）多头着色机的研发与应用：亨通光电自主研制的多头着色机，采用叠加集成模式，相同面积生产效能提升一倍，配套机械手辅助作业，实现着色生产过程流程化、节拍化，节省人力 50%（见图 3-4）。

（2）生产设备互联：亨通光电通过建设车间工业以太网，实现机台工艺数据、设备状态信息与 MES 进行对接，实现数据收集与共享，建设完成智能集中控制系统，并在此基础上开展以设备故障预测、工艺数据优化、生产流程优化为目标的工业大数据分析。如图 3-5 所示为亨通光电设备互联系统示意图。

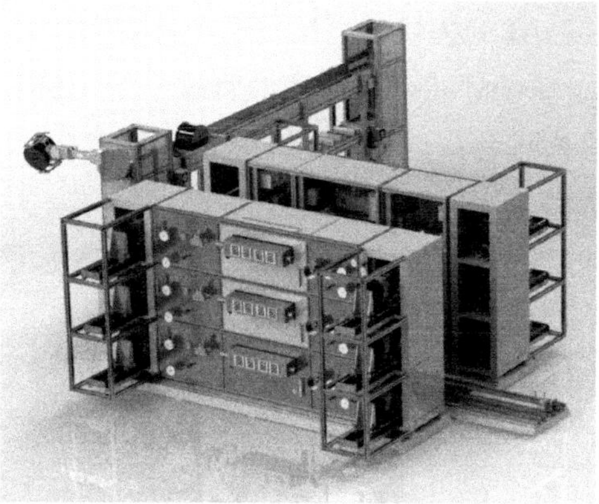

图 3-4　亨通光电机器人辅助生产设备

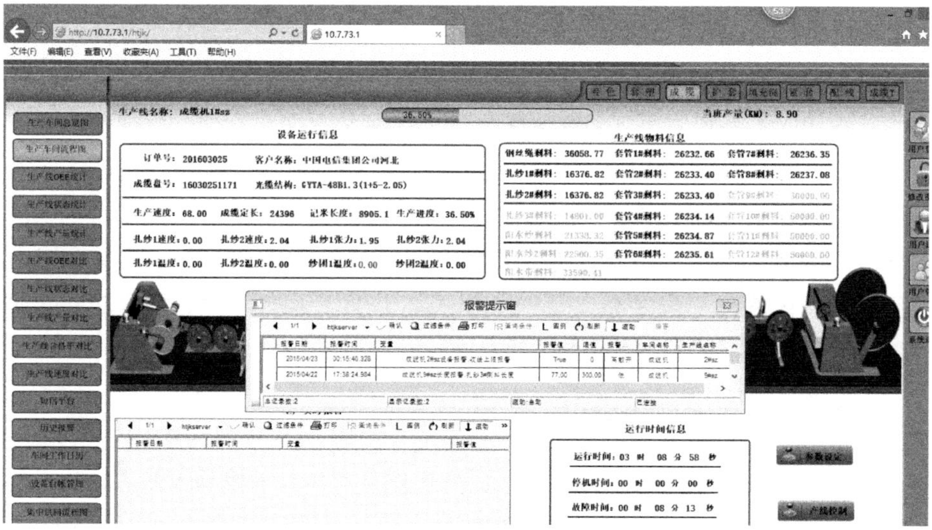

图 3-5　亨通光电设备互联系统示意图

（3）产品检测数据可追溯：光时域反射仪（OTDR）检测数据自动采集，将光纤长度、光纤的传输衰减等信息通过工业以太网实时传输至 MES 相应模块，供分析判断产品质量。例如，每个产品的数据包含衰减、长度、张力等信息都会自动传入公司的 MES 数据库中，可以随时进行查询与核对。

（4）引用机器视觉在线检测：亨通光电采用先进的机器视觉在线检测仪代替传统人眼。光缆经过环形工业摄像机，通过一定的光学处理实时拍摄产品，并进行图像拼接与人工智能算法处理，自动测量工艺参数、自动分辨产品缺陷，其优点除代替了人工视觉外，还能满足产品较高的运动速度，并达到较高的检测精度。通过 MODBUS 通信协议，将检测的数据与生产进行交互，使生产线具备自我判断能力，做到自动检测、自动发现、自动优化，最终提高生产效率和产品合格率。

（5）智能物流的应用：亨通光电的智能物流主要包括工序间的原材料与半成品的流转以及成品的流转与仓储，其融合无线射频识别电子标签系统，实现以输送线、AGV 搬运小车为依托的半成品与原材料自动配送系统。同时，RFID 电子标签系统（见图 3-6）与立体仓储以及出入库管理系统进行对接，实现机台成品的自动搬运与入库；通过与 CRM 系统的对接实现发货产品的自动出库，最终实现厂区物流智能化。

图 3-6　亨通光电 RFID 电子标签系统示意

4. 信息安全保障

亨通光电企业网已建成全千兆三层网络交换环境，200 兆电信光纤专线接入，拥有数据中心系列双核心交换机，部署出口下一代应用硬件防火墙等网络设备，数据中心部署万兆 IPS 设备。

亨通光电通过互联网出口防火墙设备监控互联网入口数据流的异常，应用上网行为管理软件记录用户的上网行为，对于异常数据和上网行为及时监控并处理。IPS 提供 2 ~ 7 层双向内容检测技术，实时发现扫描、入侵、漏洞、破坏等安全问题，有效解决攻击被绕过后产生的网页篡改、挂马、黑链、敏感信息泄露等问题，实现网站系统的事前、事中、事后全面双向安全防护。全面的风险识别和可视化风险报表，以及汇总需要处理的安全问题和建议的解决方案，可以帮助信息安全运维人员快速实现自助安全运维。

5. 上下游产业协同智能化

本项目完成后，亨通光电将建成统一的覆盖全业务流程的基础设施管理平台及信息化系统，实现企业内各公司间管理系统的无缝连接、原材料库存及消耗与原材料供应商工厂信息的连接、产品生产信息以及订单反馈信息与客户信息系统的对接。

通过产业上下游数据对接的信息化手段，亨通光电实现了原材料检测环节前移至供应商工厂的生产线上，同时将自身产品的生产过程数据反馈至客户，实现产品质量的可追溯。此外，通过与供应商、客户关系系统的对接，可降低原材料、产品的库存时间，加快物料的流转，降低产业链上企业的运营压力，提供综合效益。

三、实施成效

（1）亨通光电所获荣誉。

2012 年成为江苏省信息化与工业化融合示范企业；

2013 年成为国家级信息化和工业化深度融合示范企业；

2015 年首批通过国家级“两化融合”管理体系评定；

2016 年亨通光电综合集成管理信息化系统获批江苏省工业和信息产业转型升级专项资金；

2017 年荣获江苏省制造业“双创”示范平台；

2018 年获工信部智能制造试点示范项目；

2018 年获制造业与互联网融合发展试点示范项目。

（2）建立了智能工厂标准化模板。亨通光电结合制造强国战略及“互联网+”实施规划，全面开展 “工厂智能化、管理信息化、制造精益化”的“三化融合”智能企业建设，自主开发具有全球光纤通信产业链全套智能化装备及控制软件。亨通光电从建厂初期就十分重视信息化建设，先后引入了 ERP、OA、HR、MES 等系统，多年来持续进行“两化融合”建设，推进 6

大信息化系统建设，全面导入精益化制造模式，已有9个车间入围“江苏省示范智能车间”，引领行业智能制造转型升级。同时，亨通光电相关项目成功中标国家工业强基工程、入选工信部绿色制造系统集成立项项目。

（3）企业竞争力进一步提升。2017 年亨通光电企业资产总额达到 282 亿元以上，2017 年实现销售收入 259 亿元、实现利税 25.65 亿元。亨通光电经过多年的创新和发展，以高新技术走科技兴企的道路，围绕国家战略（5G、FTTX、物联网、智能电网、三网融合、海洋战略、新能源战略等的实施），完善产业链。

亨通光电在不断引入新技术、新产品的同时，积极培养自主研发能力，拥有多个软件著作权，核心生产设备全部实现自己开发制造。通过智能化生产设备的引入和对现有设备进行智能化改造，建成业内领先的智能化工厂，对原料、生产、物料运输等多个环节做到高度自动化与智能化。

四、实施经验

（1）关注工业物联网建设，打通各种系统之间的数据通道。同时，智能化建设需要不断完善、提高，需要培养、完善必要的自主研发能力，不要把阶段目标和远期目标混淆。

（2）关注工业互联网与大数据相结合。工业互联网、大数据作为新兴事物，如何吸收应用新事物促进自身的发展一直是亨通光电孜孜不倦的追求。亨通光电多年来持续进行“两化融合”建设，在不断引入新技术、新产品的同时积极培养自主研发能力。

（轩传吴、李兴进　供稿）

04

便携式电子产品结构模组智能制造试点示范

——苏州胜利精密制造科技股份有限公司

一、项目实施背景与状况

随着消费者对便携式电子产品外观的要求，以苹果等高端品牌为首的电子产品越来越多地采用金属结构件。苏州胜利精密制造科技股份有限公司（以下简称胜利精密）近年来在便携式电子产品金属结构件的加工生产业务方面迅速增长。

但是，便携式电子产品传统的生产方式采用的设备以三轴钻攻中心为主，使用气动夹具将产品自动夹持定位，采取线上人工取放料，线下气动检具和量具人工检测相结合、人工半自动清洗的传统加工作业方式，产品生产制程良率不高。

为了面向未来产品升级快、多品种、高品质、快速交付的市场要求，胜利精密需要进一步提升产品质量稳定性、提升产品加工效率、降低产品成本。因此需要通过本项目尽快提升企业的智能制造水平，并通过项目的实施，带动我国高精金属加工行业的智能制造水平的总体提升。

本项目通过数字化智能制造系统的应用，提升公司信息化、智能化、协同化水平，实现基于自动化调度的实时制造数据集成，实现全制造过程数据透明化、数据一致性；建设适合便携式电子产品结构模组金属加工制造的智能化制造系统，改善生产效率，提高产品质量，降低制造成本，以应对未来的挑战。

二、项目主要实施内容

该项目将综合应用自主可控智能装备，包括工业机器人、高速高精加工中心、AGV 小车、自动化生产线集中控制系统、视觉化品质检测设备、RFID 标签及读写器及系统、自动化夹具，打造便携式电子产品结构模组精密加工智能制造车间。

车间分为上下两层，由 179 台高速高精钻攻中心、10 台高光机、97 个六关节机器人组成 19 条机加生产线，每条生产线配备独立的工件清洗机和高精度激光在线检测机。其中一层 8 条、二层 11 条，还有一条由 5 台打磨机器人组成的自动打磨线。现场配备一座总容量为 3 600 个库位的数字化立体仓库，利用 7 台 AGV 小车为 19 条机加工生产线配送物料、回收工件。二层还配置有一座智能刀具库，通过车间物联网管理整个车间的刀具。如图 4-1 所示为胜利精密智能工厂整体布局。

图 4-1 胜利精密智能工厂整体布局

工厂按纵向集成的技术需求，分为四个层次（见图 4-2）。最底层是由高档数控机床、机器人以及自动化物流设备构成的智能设备层，在智能设备层之上是由各类传感器、数据采集装置构成的用于多源异构数据采集的数据传感层，数据传感层之上，是由 MES、CAPP、APS 等构成的智能软件层，最后是由大数据中心、展示终端等构成的智能决策层。通过信息的功能、清晰的层次划分及各层次之间的有机整合，形成了拓扑结构合理、兼容性强、具有先进性的国产集成方案。

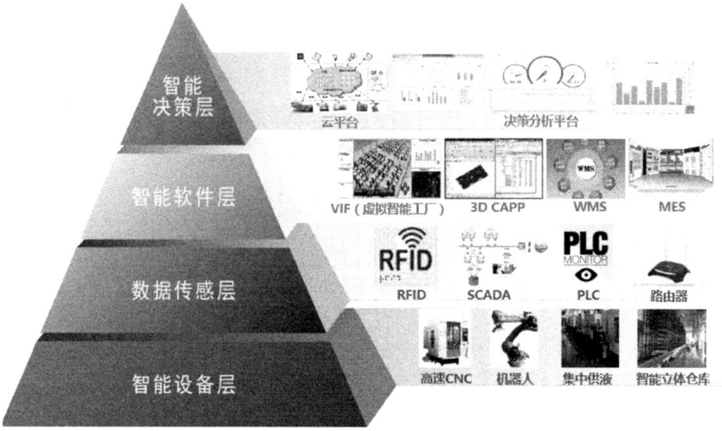

图 4-2　胜利精密智能工厂整体架构

本项目技术特点——“三国、六化、一核心”。

（1）“三国”。

本项目采用完全自主可控的国产智能装备、国产数控系统及国产工业软件。

①智能制造车间核心设备全部采用国产智能装备。

a. 高速钻攻中心/高光机：由加能精机提供，国产化率 100%。主轴最高转速 20 000/40 000rpm，定位精度 0.01mm，重复定位精度 0.006/0.003mm。

b. 高精度检测机：由项目单位富强科技与苏州凡目视觉联合自主研发的在线检测装备，借助激光线扫描相机，采用 2D/3D 视觉检测技术，在自动生产线上自动完成工件的量测，避免了人工操作，确保量测的精确性和可重复性，测量精度达到 3μm，实现快速高精在线测量。

c. 华数机器人（自主品牌）：由苏州华数提供的六轴工业机器人，有效载荷 12/20kg，重复定位精度 ± 0.08mm。

②国产智能装备全部采用国产数控系统。

a. 高速钻攻中心/高光机采用完全自主知识产权的华中 8 型全数字开放

式高档数控系统。

b. 工业机器人采用具有自主知识产权的华数 II 型机器人控制系统。

③智能制造车间全部采用国产工业软件。

a. 三维机加工工艺规划系统（CAPP）：由开目信息开发提供，快速生成工件的机加工工艺。

b. 产品全生命周期管理系统（PLM）：由开目信息开发提供，支持海量数据处理。

c. 生产执行系统（MES）：由艾普工华提供，包括制造数据管理、生产过程控制、底层数据集成分析、上层数据集成分解等管理模块，支持移动端展示。

d. 虚拟智能工厂（VIF）建模仿真软件：由创景可视提供，基于完全自主研发的虚拟仿真平台，为行业领先产品。

（2）"六化"。

本项目形成了高度柔性化自动生产线系统，在国产工业软件和云数控大数据平台的支持下，实现便携式电子产品结构模组在批量定制环境下的高质量、规模化、柔性化生产。

①加工过程自动化。

车间建立了由立体仓库、AGV 小车、标准料箱、通用托盘、倍速链传送带以及工业机器人组成的车间自动化物流系统，并部署了自动清洗机、检测机等自动化设备。物料从入库到出库之间的全部生产环节均可自动完成。

同时，生产线具有高度的柔性，通过 APS、MES、WMS 的实时监控和快速调度调整，可以进行单线生产、混线生产、串线生产等多种生产模式，适应不同种类工件的生产需求，发挥最大的生产效率。

②制造资源物联化。

项目应用 RFID 技术，通过与设备控制系统集成，以及外接传感器等方式，实现了机机互联、机物互联和人机互联，并由 SCADA 系统实时采集设备的状态、生产报工信息、质量信息等，从而将生产过程中涉及的全部制造资源信息进行高度集成，并且打通了所有系统的信息通道，实现了生产过程的全程可追溯。

③制造系统数字化。

基于制造资源的物联化，通过实时数据驱动的动态仿真机制，形成人、产品、物理空间和信息空间的深度融合，建立虚拟工厂与物理工厂相互映射、深度融合的“数字双胞胎”，实现实时感知、动态控制和信息服务。通过信息系统对物理工厂进行可视化监控，实时查看设备状态、质量信息、生产实况和生产实绩，同时进行分析与决策，对物理工厂进行智能控制。

④质量控制实时化。

工件在机床中加工完毕后由机器人送入在线检测机检测，检测完毕后机器人根据检测结果将不合格品放入不合格品料箱，合格品放入工件托盘，保证不合格品即时分拣；同时将检测数据上传至云平台，对同一机床加工的产品历史检测数据进行检索与对比，当对比结果符合设定的情形时，触发自动刀补流程，将信息传递给生产线控制器，再由生产线控制器计算刀补参数并下发给目标机床调整刀补，将刀具误差补偿回来，实现工件质量的实时全闭环控制。

⑤决策支持精准化。

本项目从生产排产指令的下达到完工信息的反馈，实现了全闭环控制。通过建立生产指挥系统，使管理者可以随时精确掌握工厂的计划、生产、物料、质量和设备状态等资源信息，了解和掌控生产现场的状况，提高各级管理者决策的准确性。

⑥制造环境绿色化。

胜利精密坚持可持续发展战略，在本项目中使用太阳能供电、CNC 油雾分离系统、切削液循环利用系统以及生产线集中排屑系统，实现能源的高效利用、减少污染排放，践行绿色制造理念。

（3）“一核心”：大数据云平台。

本项目以大数据云平台为数据集成核心（见图 4-3），与以往车间网络化的重大区别在于智能车间的工业软件不再是不可或缺的数据节点，而是“生长”在大数据中心之上的一个应用，提升了系统集成的便利性。

同时，对采集到的机床大数据进行分析、建模、比对，实现了一定程度上的智能化应用。例如对加工工艺进行评估和优化、实时监控机床健康状况、自动补偿机床热变形、实时监测刀具状况、自动规避主轴共振等。通过建立机床故障维修数据库，对机床出现的异常状况进行远程在线诊断，大大缩短机床维护及维修时间，降低运维难度。

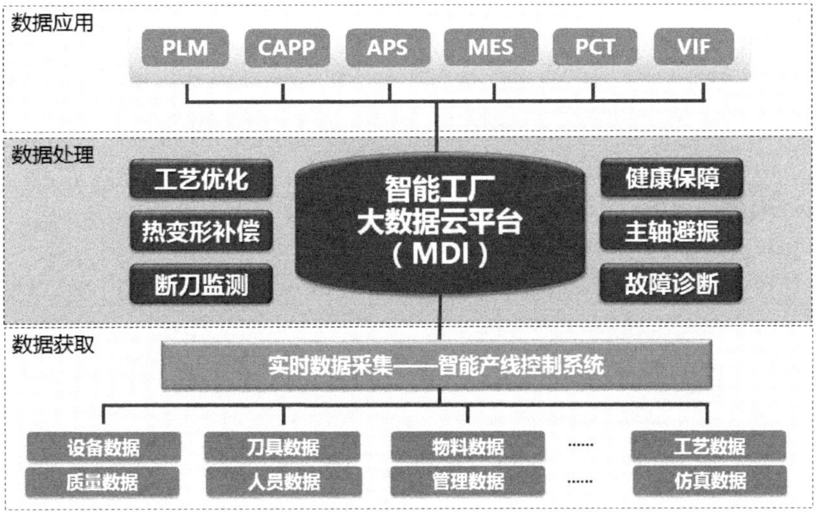

图 4-3　胜利精密智能工厂云平台架构

三、实施成效

本项目将形成高度柔性化的全自动生产线系统，在国产 3D CAPP、PLM、MES、云数控系统等工业软件支持下，通过智能生产管理与决策手段，实现便携式电子产品结构模组在批量定制环境下的高质量、规模化生产。本项目建成后，首先将在胜利精密的其他工厂推广，用于改造现有工厂和建设新工厂扩充产能，然后可在更广泛的范围内的区域、行业中推广，形成对区域、行业和国家智能制造的示范作用和带动作用。

在设计与工艺环节，项目应用 PLM 技术建立消费类电子产品结构模组的全生命周期数据管理体系，应用三维 CAPP 实现智能化工艺规划和仿真，缩短产品研制和生产准备周期 30%以上。

在便携式电子产品金属精密加工车间中，装夹环节采用机器人代替人工操作，物料输送环节采用全自动输送系统，仓储环节采用自动化立体仓库，通过 MES 等工业软件的支持，全面自动采集钻攻中心、机器人、自动化仓库和输送设备等制造装备的现场数据，实现车间现场的自动化精细化管理，节省人力 60%以上，提高生产效率 25%。

在物流和质量环节，改造升级现有智能化系统，基于 RFID 技术对制造现场在制品物流进行智能感知，采用在线视觉检测技术与装置实现对不良品的及时发现与处理，降低不良品率 20%以上。

在车间整体管控方面，建立全制造过程可视化集成控制中心，实现协同化生产，降低运营成本 20%以上，提高能源利用率 10%以上。

四、实施经验

在本项目建设过程中，我们坚持“共享、开放、协同、专业、创新”的精神，形成了以胜利精密为核心，富强科技、加能精机、华中数控、华数机器人、凡目视觉等国产智能装备与系统制造商以及艾普工华、开目信息、创景可视、易普优科技等国产工业软件及服务提供商组成的优秀团队。在努力汲取和借鉴以前项目的经验基础上共同努力，不断完善国产化智能工厂的整体解决方案，方案的顶层设计对标国际巨头，形成了可持续优化的精细化管理体系，积累了智能制造新模式的设计和实施经验，为下一步的市场推广打下了坚实的基础。

（章海龙、张利娟　供稿）

05

江苏中能智能工厂试点示范

——江苏中能硅业科技发展有限公司

一、项目实施背景与状况

（一）项目实施背景

江苏中能硅业科技发展有限公司（以下简称中能硅业）于 2006 年 3 月在江苏省徐州经济技术开发区创立，凭借人才、技术、成本、研发等综合优势，中能硅业仅用 5 年时间就赶超了美、德等西方发达国家半个世纪的多晶硅研发与制造水平，彻底扭转了中国光伏行业“两头在外”的被动局面。如今，中能硅业实现 7.5 万吨/年的产能，一跃成为世界领先的光伏原材料研发与制造商，为打造国际新能源领军企业奠定了坚实基础。

在引进、萃取国外高端技术的同时，中能硅业主张走自主研发的科技创新之路，中能硅业研发团队独创了国际领先、具有自主知识产权的 GCL 法多晶硅超大规模清洁生产技术（简称“GCL 法”）。该工艺总体技术达国际先进水平，不仅极大地降低了生产成本，而且实现了多晶硅的清洁生产、绿色制造，完全零排放；截至目前，中能硅业已申请专利 130 余项，其中获授权 90 余项。

在结构调整方面，中能硅业结合“工业 4.0”、制造强国战略，打造智能工厂，将目标定为以云计算平台为基础，建立企业大数据平台、企业资产管理（EAM）系统平台、制造执行系统（MES）平台等。信息化和工业化的深度融合与公司的发展战略高度匹配，从“传统制造”向“智能制造”转变。公司以降本增效、节能降耗为着力点，全面实现生产自动化、运营高效化、管理精细化，打造清洁生产、低碳减排的环保新能源企业，提升国际化核心竞争力，带动国内光伏、电子等新兴行业发展，在行业竞争中继续赢得领跑者的地位。

（二）项目实施的主要思路和目标

中能硅业在建设之初便实施了分布式控制系统（DCS），装置的自动化率超过 90%，随后建设的云数据中心获得云计算应用示范基地称号，创新实施融合通信提升公司沟通效率。随着公司“两化融合”工作的深入推进，先后上线的 MES、EAM 两套核心制造执行系统和企业资产管理系统，以及已有的实验室信息管理系统和物流管理系统统一接入集团的 SAP-ERP、EC、EPS、SCM、CRM 等经营管理系统，实现业务财务一体化管理，构建智能制造企业的成熟的信息系统架构，获得精益生产管控和全生命周期设备管理的能力评定。

在此基础上，中能硅业整合外部优秀资源，以提升企业生产控制的智能化、研发设计技改的一体化、安全监控环保的平台化、管理决策的卓越能力为切入点，紧紧抓住企业的成本、质量、安全三要素，实施设备大机组的在线检测系统，完善企业获取现场信息的感知能力，推进装置的高级过程控制（APC）系统建设，全面提升装置的综合利用能力和管理水平。同时，加快进行生产物流的自动化改造，实现无人化操作，提升产品质量水平，在生产工艺方面与大数据团队深入合作，从成本和质量控制上迈入智能化道路，推进绿色制造，实现企业可持续发展。建设安全环保健康管理平台，拓展 BI 数据分析，提升决策支持的能力和水平，推动决策智能化建设，推进移动应用平台建设，实现实时管理。建设三维智能工厂，推动设计、研发、工程、生产、检修协同平台一体化智能管控，最终实现建设完成自动化生产物流系统、装置智能先进控制系统建设、智慧生产管理、智能调度与安全环保管理、智能三维工厂应用和大数据分析应用。

随着项目的正常推进，中能硅业将初步建设成为基于三维智能工厂的集成安全环保一体化智能平台，涵盖机器人、人工智能技术为一体的大数据应用中心，推动企业建立现代化智能制造工厂，引领光伏行业向绿色智能制造转型升级。

二、项目主要实施内容

（一）项目实施的主要内容

本项目的主要建设内容包括三维智能工厂应用、智能生产管控、自动化生产物流系统、先进控制及大数据分析。

（1）三维智能工厂应用。建立工厂的三维智能模型，打通公司从研发、设计、规划、工程至技改和生产的全生命周期过程管理，融合展示、安全、状态控制、设计工程变更、培训等各类业务，拓展开发仿真模拟等业务，真正做到“所见即所得”的全生命周期过程可视化。

（2）智能生产管控。完成智能生产管理集成生产实时数据、过程数据和流媒体数据，实现虚拟仪表技术、能耗平衡和物料平衡，达到生产调度管理数字化和辅助运营决策效果；完成 EAM 系统项目，通过设备管理、运行管理、仓储管理、固定资产管理一体化建设，实现设备资产全生命周期管理。

（3）自动化生产物流系统。完成自动化改造和升级，解决自动破碎、自动运输、自动包装、自动仓储的相关改善，大幅降低人工投入，从根本上解决人工处理过程可能造成的不稳定的二次污染问题，提升产品质量控制能力和水平。

（4）先进控制。完成装置智能先进控制系统建设、智能点检、生产指标优化、运行指导，完成智能调度与安全环保管理，融合生产管理、调度管理、地图定位、安全管理、质量管理，实现光伏智能化安全生产；针对生产过程中的工艺控制特点，引入大数据解决策略，重点攻坚还原电耗控制，以及工艺控制过程中的生产异常控制，进一步提升公司的核心竞争力。

（5）大数据分析。通过大数据应用平台对生产过程进行跟踪、管理、分析及应用，实现改进生产工艺、建立生产过程虚拟模型、优化能耗、质量事故分析的效果，从而优化生产过程控制、突破生产瓶颈。

（二）项目采取的主要措施

1. 进行总体规划和建设

中能硅业智能制造项目以云计算中心为信息基础框架，结合生产、经营、管理、决策建立分层次、有针对性的信息系统一体化解决方案，着重围绕生产装置自动化水平的提升、生产管理水平的提高以及公司的经营决策支持。

如图 5-1 所示为中能硅业基于大数据的分析与预测系统模型。

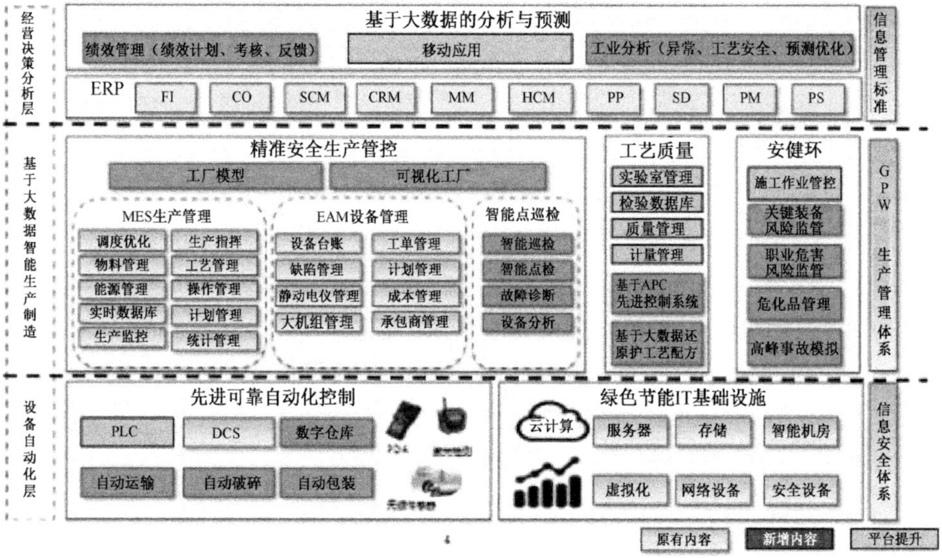

图 5-1 中能硅业基于大数据的分析与预测系统模型

2. 信息子系统建设和完善

在中能硅业智能制造项目建设之前，已经进行了信息系统总体规划（见图 5-2），已经建成并在建的信息系统架构如图 5-3 所示。

（1）DCS/PLC/ECS。

中能硅业的 DCS 为 Honeywell 公司的 TPS，上位机与 DCS 的接口为采用 OPC 技术（利用集散控制系统供货商提供的与上位机通信的基于 OLE for Process Control 标准）。中能硅业的智慧控制网络结构如图 5-4 所示。

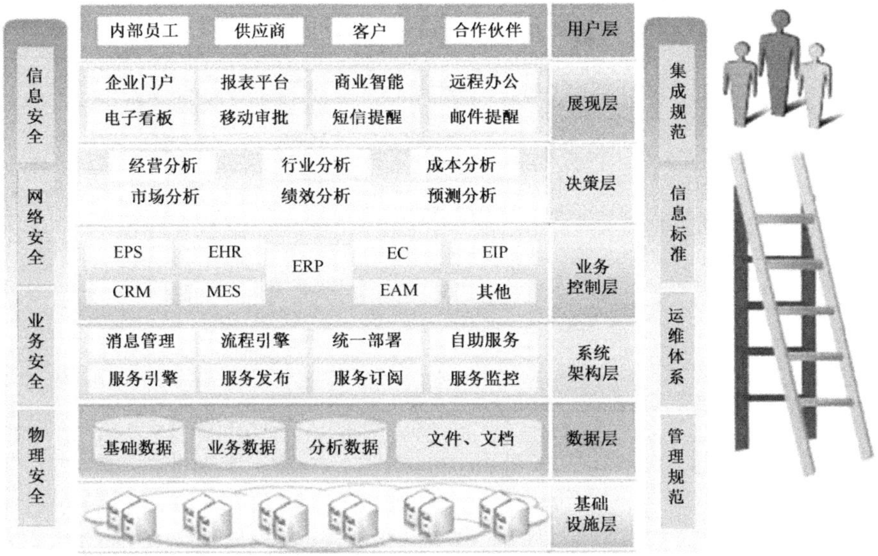

图 5-2　中能硅业信息系统总体规划

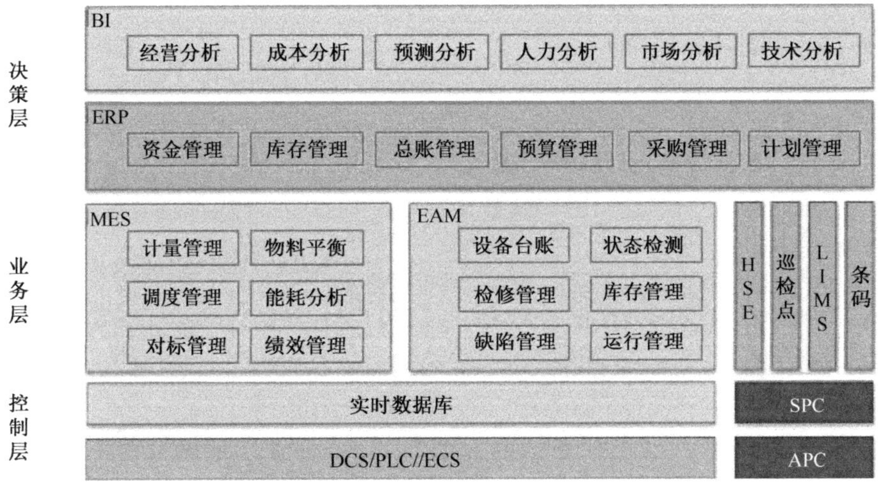

图 5-3　中能硅业信息系统架构

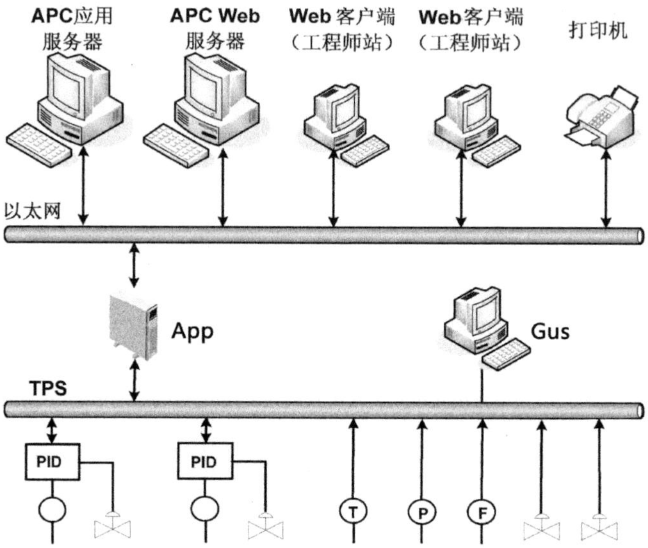

图 5-4　中能硅业智慧控制网络结构

此外，作为模块组件控制的电气控制系统（ECS）以及 PLC 系统可以通过接口集中到 TPS 进行显示和数据收集。

（2）制造执行系统（MES）。

中能硅业建设的MES架构如图5-5所示，该系统可以实现装置管理、生产调度、能源管理、进出厂管理、仓储管理、生产统计、集成平台等功能。

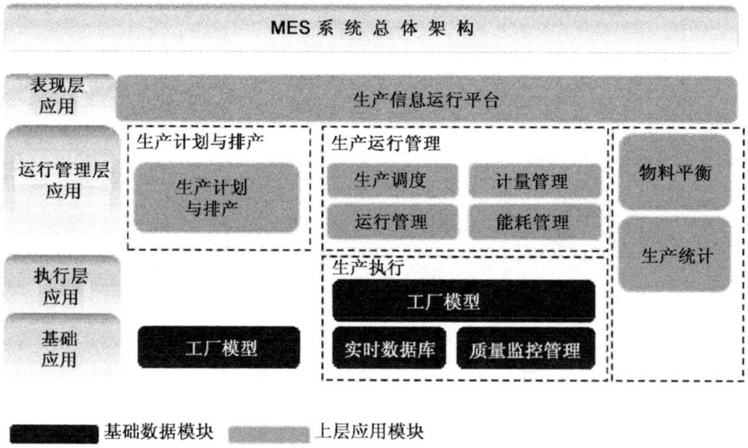

图 5-5　中能硅业 MES 架构

MES 的生产统计模块主要包括物料统计平衡、三剂辅料消耗统计和 ERP 支撑三个功能。统计平衡功能依据生产平衡推量后的生产数据进行归并汇总，按照逻辑节点量和逻辑移动关系与物理节点量和物理移动关系之间的对应，实现统计层逻辑节点拓扑模型的动态生成，通过模型平衡计算，达到企业的车间、MES 工厂、公司三级物料统计原始日平衡。基于实物库存和进出厂计量单实现 MES 工厂和公司物料统计实物平衡。基于销售结算数据实现物料所有权转换，实现物料统计所有权平衡。实现基于装置的物料投入与产出平衡，基于统计物料的原料、成品、半成品的“收、发、存”平衡及“产、销、存”平衡，为基础统计报表、技术经济指标统计和 ERP 系统提供数据支撑。三剂辅料消耗统计功能依据采集的每套生产装置三剂辅料日消耗数据，通过平衡工具完成平衡，生成三剂辅料消耗统计报表，实现对每套装置三剂辅料消耗情况的动态跟踪与监控，为生产装置绩效考核、成本跟踪、生产统计提供数据支撑。

（3）企业资产管理（EAM）系统。

该系统结合企业设备检修管理的业务流程，实现设备检修计划编制和修改、审批工作流程，确保检修计划的准确合理。设备管理系统可以实现设备点检制管理、设备定修管理、故障管理、缺陷管理、备件管理、两票（工作票、操作票）管理、档案管理、专业管理、日常管理、状态管理、报表管理、综合查询、设备在线状态监测管理、设备移动状态监测管理。

3. 系统数据集成

（1）ERP 系统与 MES 集成。

ERP 系统与 MES 的集成从核心业务功能上讲，包括 ERP 四个业务模块与 MES 对应功能的集成，分别是物料管理与 MES 功能集成、产品入库与 MES 功能集成、生产管理与 MES 功能集成、条码管理与 MES 功能集成。

（2）SAP 系统与 MES 集成。

SAP 系统与 MES 的集成是 MES 与 SAP 系统基础数据同步的，主要包括组织架构、物料、工作中心、成本中心、BOM、线边仓、仓库/罐、作业类型等。项目中的 PI 根据数据流向采用不同的策略进行处理：ERP 传输至 MES 的数据通过 RFC 直接发送给 PI，PI 通过 WebService 传递给 MES；MES 将需要传输给 ERP 的数据通过 WebService 将数据推送至 PI 系统，PI 调用 RFC 系统将数据推送至 ERP 系统；MES 与 SAP 系统的主要接口数据涵盖生产数据、生产成品数据。

4. 数据库建设和大数据分析

（1）大数据在生产过程控制中的应用。

通过 MES、工业控制系统、还原整理自动化系统等构建大数据应用平台，对生产过程进行跟踪、管理、分析及应用，达到改进生产工艺、建立生产过程虚拟模型、优化能耗、质量事故分析的效果，从而实现优化生产过程控制，突破生产瓶颈。如图 5-6 所示为中能硅业生产过程管理示意图。

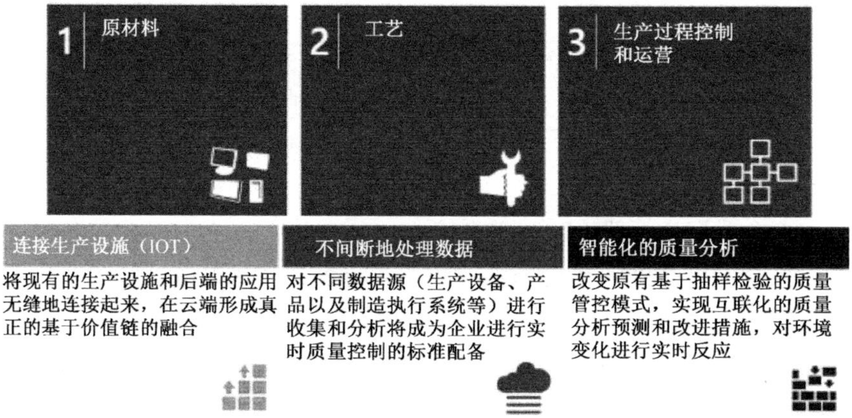

图 5-6　中能硅业生产过程管理示意图

改进生产工艺：分析整个生产流程中每个环节的执行情况，当某个流程偏离标准工艺时，通过对大数据进行分析能够快速地发现错误或者瓶颈所在，使问题更容易解决。

①建立生产过程虚拟模型：利用工业大数据技术对产品的生产过程建立虚拟模型，仿真并优化生产流程，以减少实际生产过程中的风险。

②降低能耗：在生产中对所有流程进行分析与控制将会大大降低能耗。利用传感器集中监控所有的生产流程，能够发现能耗的异常或峰值情形，由此可为企业优化生产过程中的能耗提供参考数据。

③质量事故分析：帮助企业追溯产生质量事故的环节及原因，从而做出分析与改进，降低再次出现质量事故的概率。

（2）大数据在质量控制过程中的应用。

通过 MES、QM、LIMS、SPC、阿里云等系统，收集光伏全产业链生产制造数据，根据生产产品的加工工艺过程，对产品质量相关数据按层次进行组织，实现全产业链制造过程产品和物料质量追溯。从技术应用上，学习产品加工过程中产品质量数据的相互作用，从海量数据中识别关键质量参数；研究产品故障相关性分析、聚类分析，以及产品可靠性预测，并以此制订切实可行的持续改进方案，进而对将来一段时间的质量状况进行预测。

（3）大数据在销售与生产预测模型中的应用。

销售预测：通过历史数据的多维度组合，可以看出区域性需求的占比和变化、产品品类的市场受欢迎程度及最常见的组合形式、消费者的层次等，以此来调整产品策略和铺货策略；通过大数据提前分析和预测各地商品需求量，从而提高配送和仓储的效能。

生产预测：在生产预测中，工业大数据可以发现历史预测与实际的偏差概率，考虑产能约束、人员技能约束、物料可用约束、工装模具约束等，通过智能的优化算法，制订排产计划，并监控计划与现场实际的偏差，动态调整排产计划。

（4）大数据供应链优化模型应用。

通过 SCM、WMS 等系统对供应链大数据进行采集、管理、分析与应用，可以实现仓储、配送、销售效率的大幅提升和成本的大幅下降，并帮助企业持续进行供应链的改进和优化。

①精确的需求预测：大数据能够帮助企业预测市场的整体需求情况，并据此制定合适的销售预测、库存策略及生产安排。

②敏捷、透明的寻源与采购：通过数据分析找到合适的供应商，建立良好的供应商关系，通过供应商绩效评估和合同管理，使采购过程规范化、标准化、可视化、成本最优化。

③库存优化：成熟的补货和库存协调机制可消除过量的库存，降低库存持有成本。通过对需求变动、安全库存水平、采购提前期、最大库存设置、采购订购批量、采购变动等方面大数据的综合分析，建立优化的库存结构和库存水平设置，消除过量的库存，降低库存持有成本。

④物流效率优化：建立高效的运输与配送中心管理，通过大数据分析合理的运输管理、道路运力资源管理，构建全业务流程的可视化、合理的配送中心间的货物调拨，正确选择和管理外包承运商和自有车队，提高企

业对业务风险的管控力，改善企业运作和客户服务品质。

⑤有效可靠的供应链计划：包括需求预测、库存计划、资源配置、设备管理、渠道优化、生产作业计划、物料需求与采购计划等。

（5）大数据设备故障预测模型应用研究。

通过 EAM 系统、阿里云平台等分析来自生产设备中所安装的传感器振动、温度、电信号等大数据流，设立预测模型为设备故障诊断和预警提供支撑。具体来说，可通过以下方法实现设备故障预测：

①通过获取 EAM 系统中的历史故障记录以及缺陷数据分析，得到造成设备故障的主要因素；

②对设备故障因素进行关联性分析，通过对历史经验、基础数据以及因素之间关联的关系构建风险评估模型；

③进行设备的应用场景选型，并根据场景进行数据准备、数据筛选、数据挖掘；

④通过决策平台对分析后的数据进行图形化展示，并对数据进行验证。

工业大数据可以准确预判设备发生故障的趋势，并发出预警，降低设备发生故障的概率，确保设备运行的可靠性。

（6）大数据产品研发与设计模型应用研究。

通过 PLM、PDM 等系统采集、管理、分析与应用产品全生命周期中所产生的大数据，实现企业和用户协同研发，大大提高产品功能、性能和市场竞争力。

工业大数据主要通过关注以下两个方面来实现其在产品研发与设计过程中所发挥的价值： 一是通过大数据分析在新产品开发前充分考察其性质、用途及可替代性，保证其独创性；二是通过大数据分析在产品研发与设计过程中充分考虑消费者需求变化的速度与方向、用户体验数据等，使其成为产品创新和新产品开发活动的重要参考，并把这些分析结果及时反馈至 PLM/PDM 等系统，及时应用这些分析结果优化产品研发与设计。

三、实施成效

中能硅业是国内多晶硅行业的龙头企业，成立时间不长，但是在生产技术创新、经营和管理上一直走在行业的前列。本项目紧密围绕优化生产管理、装置自动化、安全管理、调度系统，利用云计算中心的基础设置优越性，通过与公司的核心基础业务系统的集成，结合电子商务线上/线下业务整合（O2O），通过系统手段完成对信息、知识、数据的积累，形成知识库系统，使公司在生产管理方面上升到一个更高的层次。

本项目实施后，可以减轻操作工劳动强度，提高工作效率，力争通过信息化手段，不断完善生产工艺，调整工艺参数，完善自动控制手段，提升自动化水平，实现稳定生产装置运行，稳定产品质量，持续降低多晶硅成本，综合改善产品品质，将中能硅业建设成为可以和国际先进晶硅生产厂家比肩的先进企业，为中国的光伏产业、信息产业提供质量高、品质优、成本低的原材料，真正做老百姓用得起的太阳能，做信息产业的钢铁基地。

四、实施经验

智能工厂项目不仅仅是一个 IT 技术项目，还是现代管理的技术工具，是具有现代化先进管理理念的管理模式，它将推动企业管理理念的更新，促进企业经营机制的转换，提高企业的管理水平，促进现代企业制度的建立。中能硅业成功实施智能工厂项目，主要有以下三方面的经验。

（1）培训是实施的关键：智能工厂项目实施成功的重要保证之一就是抓好培训工作。每一位领导、每一位员工要自觉适应信息化的要求，而不能让信息化去适应每一个人。通过培训，可以扫除广大职工的思想障碍，提高广大职工进行信息化建设的积极性，增强他们搞好信息化建设的信心。

（2）紧抓智能工厂项目的重点整体推进：需求是企业信息化发展的动力，任何不符合需求的信息系统都不会给企业带来效益，在实施中要坚持统一规划、统一领导、统一标准、整体推进的原则。实施方案要从整体出发，从全球经营环境和国内外大市场的发展变化趋势出发，从行业、产业、产品、技术等角度出发，通过分析本企业同国内外主要竞争对手之间的差异，找出影响企业发展的主要原因，并通过智能工厂项目整合优化和工作流程重组，挖掘企业新的潜力。

（3）建立准确的数学模型：在建设智能工厂项目系统时会遇到许多困难，特别是复杂工业过程往往具有不确定性（环境结构和参数的未知性、时变性、随机性、突变性）、非线性、变量间的关联性及信息的不完全性和滞后性等，要想获得精确的数学模型十分困难。这就需要企业深入学习选型软件产品的算法逻辑和产品功能，在前期阶跃测试阶段做好准备和测试工作，严格校对控制模型并不断进行修正，从而为企业信息化建设提供有力保障。

智能工厂项目是一项高风险、高投入的项目，项目成功与否受企业内外环境等诸多因素的制约和影响。在实施过程中，要重点关注设备选型风险、软件风险、硬件风险、安全风险、交易风险、网络技术风险等。看不到风险不行，害怕风险也不行，对风险必须要有正确的认识，不仅要敢于正视风险，而且要最大限度地减少风险，从而提高企业的效益。

（陈其国、田野　供稿）

06

视频监控终端智能制造试点示范

——浙江大华智联有限公司

一、项目实施背景与状况

（一）项目实施背景

视频监控终端产品是视频监控系统的核心部件，是智慧城市、雪亮工程的重要组成部分，主要应用在交通、银行、金融、物流等多领域与多行业，满足不同客户的需求。视频监控终端产品定制性较强，且产品丰富、多样化。国内视频监控终端产品生产大部分采用分段流水线作业方式，主要有组装、测试、包装作业工序，存在效率低、周期长、在制品滞留等问题，已经不能适应现在的多品种、小批量、高效率、高产品可靠性的生产需求。

基于产品个性化需求，为了实现视频监控系统的柔性生产与个性化定制，浙江大华智联有限公司（以下简称大华）建设了视频监控终端智能制造项目，该项目被列为 2018 年工业和信息化部智能制造试点示范项目。项目建设周期为 2016 年 1 月—2018 年 6 月，建设地点位于杭州市富阳区，属于离散型智能制造模式试点示范。

本项目将机器视觉智能检测、数据分析智能排产等人工智能和大数据技术深入融合到制造业生产中，建立仓储管理系统（WMS）、制造执行系统（MES）等，实现供应商信息、仓储信息、制造信息的互联互通与协同工作，产品设计、生产、检测等全流程数据采集、分析、监测与诊断，通过对全生命周期数据的积累与分析，实现产品设计、制造一体化。

（二）项目实施的主要思路和目标

项目总体目标旨在加快互联网、大数据、人工智能和实体经济深度融合，结合“人机结合、柔性生产、信息采集、互联互通”的技术理念，构建新型离散型制造业智能工厂，打造以市场需求为驱动的、具有快速响应机制的智能制造新模式，以促成我国智能制造基础能力的提升和智能制造新模式的成熟。

项目实施后，计划将实现设备使用效率提升 25%，生产运营成本降低 30%，产品生产周期缩短 30%，不良品率降低 30%等目标。

（三）项目特点

（1）本项目建成后，具备如下几个特点。

①运用数字仿真技术建立数字化车间模型。本项目将数字化设计、仿真与管理理念融入产品全生命周期的各个部分，采用三维动态模拟对厂房进行设计规划，建立工厂制造数字化模型。如图 6-1 所示为大华智慧产业园规划示意图，如图 6-2 所示为大华工厂 3D 建模。

图 6-1　大华智慧产业园规划示意图

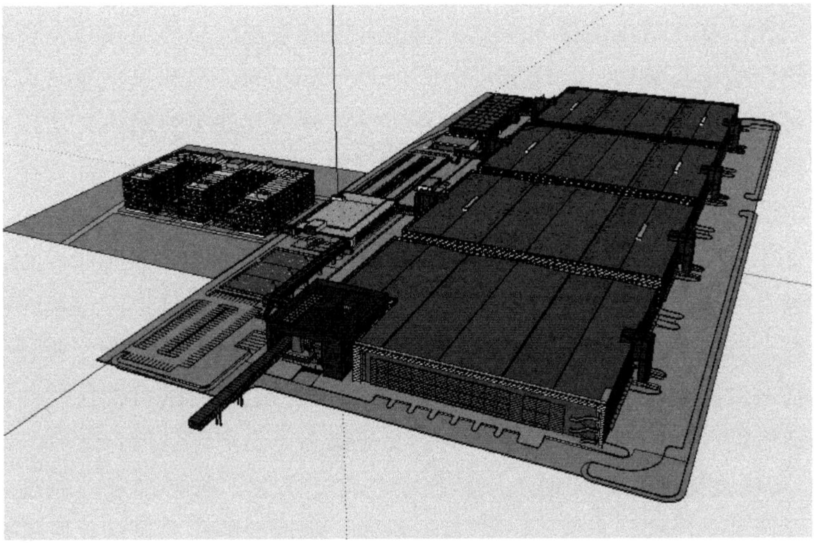

图 6-2　大华工厂 3D 建模

②数字化建模。视频监控产品体积小、内部零件密集，传统设计存在结构单一、布置松弛等不足，本项目提出全过程数字化设计，采用国际领先的三维数字化设计模式，使用产品全生命周期管理平台（PLM），应用参数化配置设计系统，以数字化三维设计为手段，快速形成实例规格模型，并对初始设计意图进行验证。在提升设计效率的同时降低了设计成本。

③工业互联网、人工智能技术深入应用。本项目引入智能机器视觉、RFID、无线 AP 等人工智能技术，集传感器、PLC、机械臂，以及具有自主知识产权的、行业领先的工业相机、摄像机全自动调焦工具等软硬件设备于一体，联合各系统负责人，共同梳理信息流渠道，设定通信标准，研发自动化、智能化的加工、装配、检验、物流等系统，通过工业通信网络实现与智能设备、ERP 等系统互联和集成，实现生产智能化和自动化。项目实施后，关键加工工序数控化率达到 80%以上，工厂制造能力与自动化水平将处于行业领先水平。

（2）项目实施过程中，解决了如下关键问题。

①系统及装备间互联互通问题。视频监控产品具有强烈的个性化定制特征，以及小批量、多品种的生产特点，需要通过生产系统纵向集成作为技术支撑，实现个性化定制的规模化生产新模式。针对上述需求，本项目结合客户关系管理（CRM）、企业资源计划（ERP）等软件系统，打破各个

系统间无法交互数据的技术壁垒，自主开发各系统信息传递接口，逐步建立系统间的相互关联，关键装备之间信息互联互通，最终打通了从客户个性化订单到计划、排产的信息流，并通过建设全互联工业网络，实现现场异构设备的快速集成与互联互通，从而实现个性化订单生成、计划排产、生产制造的纵向集成。

②生产制造及数据分析可视化管理问题。对于传统人工作业模式，产品质量及生产率在很大程度上依赖于工人的技术水平，且生产过程无法有效跟踪，该项目优先建立生产过程数据采集分析系统和车间级工业通信网络，确保生产数据准确有效地传输，同时开发特定功能的可视化软件，采集制造进度、现场操作、质量检验、设备状态等生产现场信息，并与车间MES 实现数据集成。实现工厂从接单、订单下达、物料准备、制造、仓库、发运等全流程信息管控，信息流畅通，制造智能化、可视化的实施应用大幅缩短了产品生产周期。

二、项目主要实施内容

（一）总体架构

本项目采用新型传感器，运用智能智造控制系统、智能仪表监测设备、无线射频等技术，制定标准通信接口，搭建制造执行系统（MES）、仓储管理系统（WMS）、自动化配送管理信息系统（WCS）、运输管理系统（TMS）等，并与现有 ERP、PLM 等系统进行有效集成，运用工业互联网和大数据分析技术，编写标准生产工艺流程，对接自动化生产线进行智能管控，实现产品研发、生产工艺、仓储、物流等业务与制造业务高效协同，缩短产品研制周期，降低运营成本，提高设备利用率和生产效率。

本项目的系统架构规划及集成概况如图 6-3 所示。

（二）整体技术路线

本项目的技术路线主要包括硬件自动化技术和软件系统数据采集、共享、交互、管理等技术。

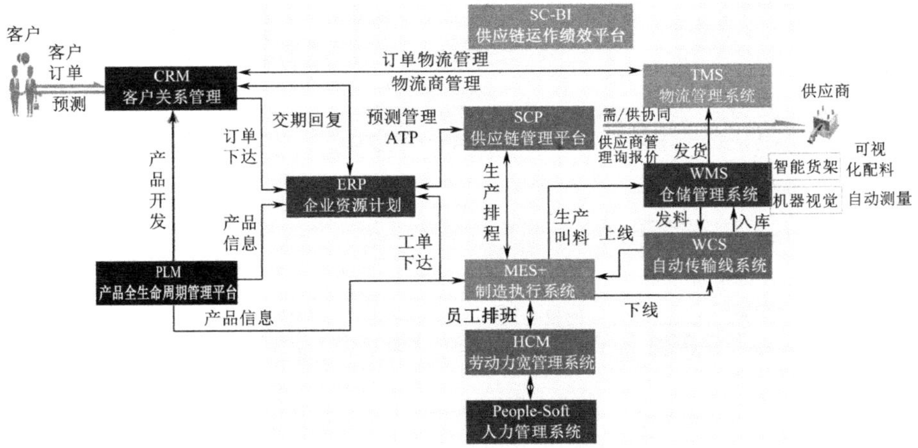

图 6-3　大华项目系统架构规划及集成概况

1. 大华自动化技术（见图 6–4）

图 6-4　大华自动化技术

2. 大华系统数据管理技术

（1）产品数据采集、共享技术。

大华数据共享服务中心主要采集、分析生产过程中的智能设备、人力资源、自动生产线、仓储物流、质量等数据，主要实现了与 PLM、ERP、MES、HR、WMS 等信息系统的接入服务，对自动化检测设备、SMT 等设备的数据采集。如图 6-5 所示为大华数据共享服务中心总体技术架构。

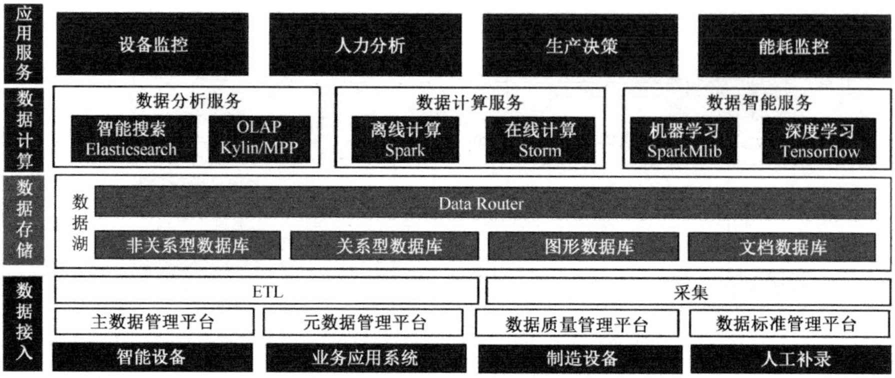

图 6-5　大华数据共享服务中心总体技术架构

（2）产品数据管理、交互技术。

大华视频监控产品数据通过 Windchill 平台来管理、分析及整合整个过程中的数据、信息、人员、资源、实物、计划等。整个过程包含从产品平台规划、产品需求获取、产品规格定义、概念设计、详细设计、原型分析、工艺规划、库存管理、采购、生产、校验、包装、运输、安装、服务直至报废，对产品全生命周期进行管理方便查询与调用相关产品信息。如图 6-6 所示为大华视频监控产品数据总体技术架构。

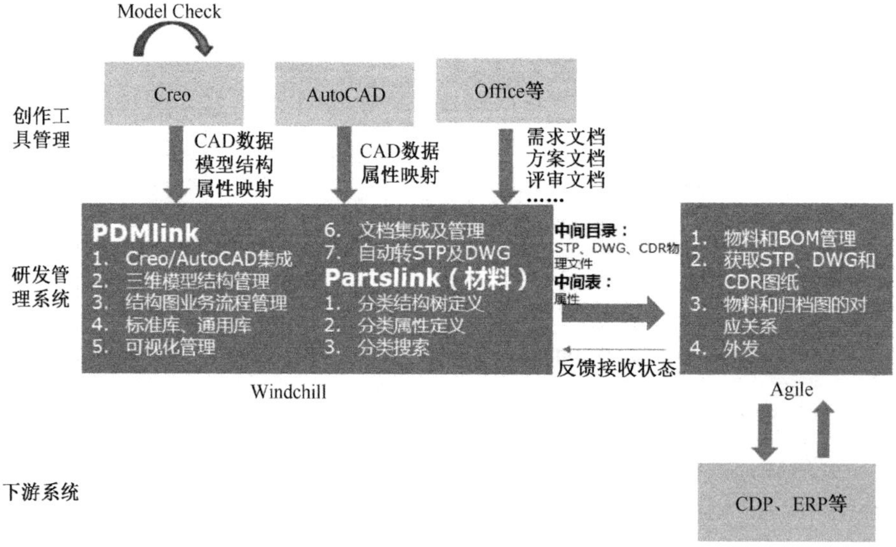

图 6-6　大华视频监控产品数据总体技术架构

产品通过国际领先的三维数字化设计模式建模，通过Windchill平台进行产品数据和工程文档的管理。

制造工程部通过 Windchill 平台实现产品装配、测试、包装工艺文件管控，包括以下内容。

①标准作业规范（SOP）管控。Windchill 平台实现 SOP 在线评审和审批，并通过角色定义及权限设置，有效管控文件的下载、修改、上传权限，实现工程文件有效管控。避免文件非授权操作。

②设备文档、模治具管控（见图 6-7）。

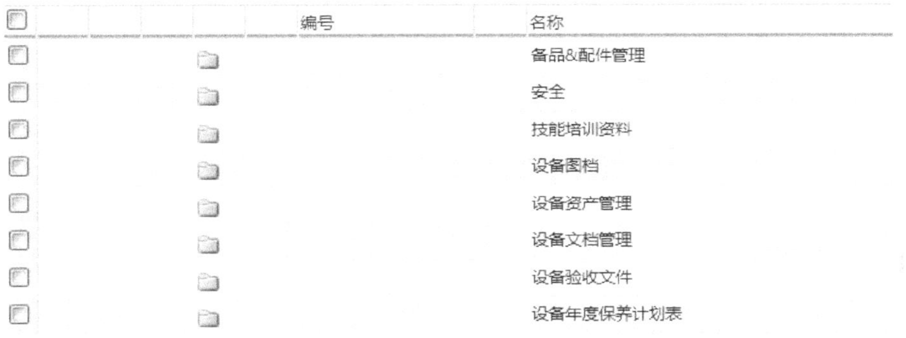

图 6-7　大华设备文档、模治具管控

③管理系统之间的数据交换（见图 6-8）。PDM 系统与 MES 进行信息交换，实现订单排产时 SOP 等工程文件的自动调取。保证生产和支撑文件的同步，消除生产等待。

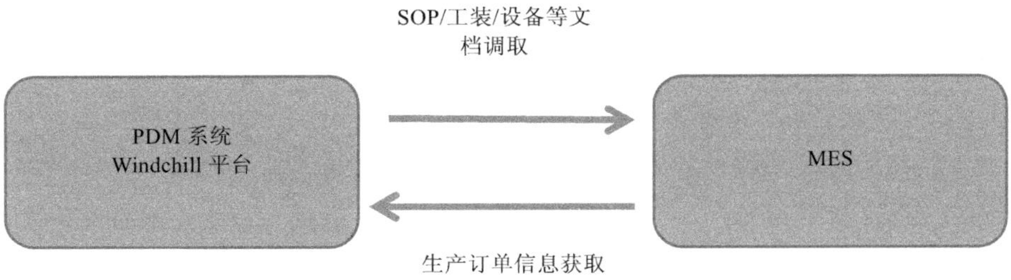

图 6-8　大华管理系统之间的数据交换

（三）实施方案

（1）项目建设期为 2016 年 1 月至 2018 年 6 月，分三个阶段，各阶段建设内容如下。

第一阶段为数字模型建设阶段：主要包括工厂、车间自动化生产线的三维数字模式搭建以及完善。

第二阶段为研发试用阶段：主要包括 PLM 系统、MES、WCS 等工业系统的研发与完善，自动化线体的装配调试以及试产，硬件辅助设备采购，组装、加工、测试等小规模试用。

第三阶段为综合完善阶段：主要根据试用情况，不断完善系统及生产线至运行稳定、可靠，大幅提升生产效率，增加大数据显示功能，将生产数据进行可视化与信息化的同步融合。

（2）每个阶段的关键技术应用。

①建模阶段。运用 CAD、CAE 等软件仿真技术对厂房、车间、生产线产品进行数字化 3D 建模，强化顶层设计，实现设计可视化，采取最优设计路线。

②生产线搭建阶段。运用四轴机器人、传感器、工业相机、自动打码/读码机、SMT 激光刻码机、点胶机、前盖点胶线设备、气密检漏仪器、电动打包机等先进智能设备和机器视觉系统、伺服控制系统、机器人控制系统、PLC 控制技术、电气自动执行系统、全自动对焦系统、自动检测系统等控制/执行系统，组建一体式全自动生产流水线，包括镜头全自动装配线、镜头调焦点胶固化线、自动装配线、自动测试线等智能生产线。

前端镜头组件自动装配线应用自动供料系统、视觉定位技术、多工位协同作业，实现物料、半成品自动合理配送。镜头调焦点胶固化自动化线应用视觉定位技术、自动光学调焦技术、智能成像质量分析技术和精密点胶固化技术，实现了镜头智能对焦，自动点胶及固化，保证了镜头高质量和可靠性要求。枪机整机自动装配线高度集成自动上料、机器视觉定位及读码、自动螺丝锁附、自动贴条码、自动气密性检测等技术，采用工业机器人等自动化设备，实行“机器换人”，减少人力投入，并大幅度提升了组装的生产效率。自动测试线借助工业相机和 MES 数据管理平台中的自动化测试模块，在产品测试过程中，通过扫描产品序列号，自动匹配整条线体测试产品的测试项并调用该产品测试客户端（不同型号的产品有不同的客户端）进行测试，减少了人工核对信息和手工测试操作，实现了线体的一键配单功能，并借助视觉读码系统绑定载具与产品，通过单元化集中生产模式实现了产品无人化、高效率、高质量生产。

③系统整合阶段。运用大数据等技术，集成 ERP、MES 等管控系统，实现信息互联互通，建设计划管理平台和数据共享服务中心，对生产过程的供应商协同、工单物料需求、生产进度、设备监控、仓库物料、区域分单等信息采集分析，通过数据分析和自动控制，实现工艺、生产、质量、设备、能耗等智能管理和优化，实现打造数字化车间。

（四）新技术创新应用情况

大华通过本项目的实施，实现了如下创新。

（1）工业互联网。

打破制造业信息孤岛。通过集成 PLM、MES 等系统有效集成，打通视频监控终端产品模型和数据从设计、生产计划，到制造的端到端集成，实现设计、制造一体化，个性化订单参数、产品设计图纸、设备程序的自动转换，生产任务智能调度，大幅缩短产品生产周期。

（2）人工智能。

对自动化设备智能监测诊断，对产品智能识别和测试检测。运用工业相机、传感器、机器人等人工智能设备，组装全自动生产线，并基于智能网关实现 MES、WMS 等系统与智能设备之间互联互通，智能设备与智能设备的互联互通，提高生产系统的灵活性。

（3）大数据智能分析应用。

建立数据共享服务中心并实现与 PLM、ERP、MES、HR、WMS 等信息系统的接入服务，智能采集、存储、计算、分析全流程数据。

三、实施成效

（1）通过 ERP、MES 等系统之间相互协同以及对智能设备的监测、预警，实现设备使用效率提升 25%。

在项目实施前，企业对于底层的各大系统，如 ERP、MES、EBS 等系统均“各自为政”，系统之间没有信息的有效流通，有些信息靠人工进行采集和抛转，从而造成信息准确性差、信息流通不及时等后果，整体运营效率较差。

在项目实施后，企业通过打通大数据的信息化，将各大系统进行有效关联，并针对各底层系统进行升级改善，最终实现各系统之间信息流的有效流通和交互，并在此基础之上开发大数据分析平台，对过程进行有效监测与控制，并实现预测、预警，从系统层面进行有效排程，提升设备利用率和稼动率，从而整体改善生产效率，达成 140～160PCS/H 的生产速率。

（2）通过人力成本降低和产能提升，运营成本降低 40%（见表 6-1）。

表 6-1　大华整机自动化生产线实施人工成本下降

整机自动化生产线实施人工（人）成本下降	改善前	改善后
	20	12
下降比例	40%	

整机自动化生产线主要由装配、测试和包装三段组成。实施自动化生产线前，该生产线的三段是分离的，组装结构为皮带线、测试为工作台、包装为工作台和打包机，以人工作业为主，工序间的搬运通过周转车传递，效率较低。平均每条生产线人力超过 20 人，整线产出 100～120PCS/H；实施自动化生产线后，三段作业工序标准化，联结为整体，实现自动组装、测试、线体自动搬运。作业模式从批次流转变更为按节拍生产，平均每条生产线人员配置下降至 12 人，整线产出 140～160PCS/H；自动生产线的导入不仅保证了产品的同一性，提升了生产效率，而且降低了人工成本，大幅降低生产运营成本。

（3）通过对生产任务的智能调度，智能生产设备的导入，实现产品生产周期缩短 40%（见表 6-2）。

表 6-2　大华产品生产周期缩短

年　份	2015	2016	2017
生产周期（天）	5.55	4.09	3.32
下降比例	从 5.55 天缩短至 3.32 天，实际周期缩短 40%		

PLM、MES、WMS 和 PCS，实现个性化订单参数、产品设计图纸、设备程序的自动转换，并基于语义建模和动态服务组合，进行生产线智能管

控，实现生产任务的智能调度，使系统根据产品生产需求和设备能力自适应调度生产任务，从而实现设计、生产计划、制造的一体化集成，缩短产品交付周期40%。

（4）采用在线自动检测控制，不良品率降低34.9%（见表6-3）。

表6-3　大华不良品率降低

FQC抽验不良品率	年度	2015	2016	2017
	幅度（%）	0.86	0.63	0.56
改善降幅	34.9%			

在各生产车间大规模运用自主研发的工业相机、机器视觉等先进设备进行产品自动化智能检测，减少人为干扰，提高产品质量；将大量四轴机器人等控制设备运用到组装生产线，提高生产效率；加大AGV等智能机器人投入，提高物流搬运效率，降低出错率。

四、实施经验

（1）通过本项目的技术应用与示范，大华形成了一批具有自主知识产权的前端摄像机、后端存储器等视频监控产品的生产制造、智能检测国产化共性技术与装备/软件，包括以MES为核心的柔性制造管理系统，以RFID、传感器和PLC为代表的传感与控制系统，以工业相机、全自动调焦、智能机器视觉技术为代表的智能化检测装备，以支持企业全面业务集成的工业网络和信息交互集成等。通过打通视频监控产品模型和数据从设计、工单计划到生产的端到端集成，实现客户订单、生产计划、制造装配、仓储物流的信息集成与联动，提升生产效率。通过工业互联网对自动化设备的运行状态实时监测，及时发现故障，减少维修时间，提升设备使用效率。

（2）通过项目实施，将有效推动工业互联网、人工智能与实体经济的深度融合。项目在生产制造过程中充分运用机器视觉、图像处理等人工智能技术，通过机器视觉完成装配物料识别判断，利用行业领先的工业相机对产品进行全自动检测，利用机械手进行取料、过程运输、装配等动作，完成产品自动装配，替代传统手工组装、检测实现全自动化生产，提高全要素生产效率，实现高质量发展。

（3）通过本项目的实施将大幅缩短产品交付周期。项目基于自主研制完善的 ERP、MES、WCS 等系统和数据共享服务中心，实现个性化订单参数、产品设计图纸、设备程序的自动转换，并基于语义建模和动态服务组合，进行生产线智能管控，实现生产任务的智能调度，使各系统根据产品生产需求和设备能力自适应调度生产任务，从而实现设计、生产计划、制造的一体化集成，缩短产品交付周期。

（4）通过项目实施在视频监控行业形成智能制造典型试点示范。项目打造集研发设计、制造过程、智能检测、物流仓储等一体化要求的数字化车间，实现精准化、多品种、定制化生产，为安防行业发展提供可供参考、可复制的智能制造新模式，推动全行业制造水平提升。

（朱建堂、姚飞雄　供稿）

07

笔记本电脑主板数字化车间试点示范

——联宝（合肥）电子科技有限公司

一、项目实施背景与状况

（一）项目实施背景

从产业发展趋势来看，以智能制造为主导的第四次工业革命——工业4.0 兴起，旨在通过充分利用信息通信技术和网络空间虚拟系统—信息物理系统相结合的手段，推动制造业向智能化转型。“工业 4.0”概念包含了由集中式控制向分散式增强型控制的基本模式转变，目标是建立一个高度灵活的个性化和数字化的产品与服务的生产模式。在这种模式中，传统的行业界限将消失，并会产生各种新的活动领域和合作形式。创造新价值的过程正在发生改变，产业链分工将被重组。在此背景下，2015年5月，国务院出台我国实施制造强国战略第一个十年的行动纲领，明确提出：“新一代信息技术与制造业深度融合，正在引发影响深远的产业变革，形成新的生产方式、产业形态、商业模式和经济增长点，我国制造业转型升级、创新发展迎来重大机遇，具体表现为：基于信息物理系统的智能装备、智能工厂等智能制造正在引领制造方式变革；网络众包、协同设计、大规模个性化定制、精准供应链管理、全生命周期管理、电子商务等正在重塑产业价值链体系；可穿戴智能产品等智能终端产品不断拓展制造业新领域。

就个人计算机（PC）的原始设计制造而言，包括表面贴装（SMT）技术在内，电子产品的组装生产工艺基本成熟，成为门槛较低的行当，而设计跃升为影响竞争力的主要因素。电子产品的功能与结构日趋复杂，指标也更加苛刻，设计周期在产品上市时间中的比重加大。原始设计制造厂商（以下简称 ODM）将设计环节包揽下来，利用在 PC 领域的优势为客户提供现成的多种方案，最大限度地缩短了客户产品的上市时间。同时，基于产业分工的发展规律，一个行业成为大规模的成熟市场后，通常都会进一步分工以形成专业化的核心竞争能力，并获得分工所带来的规模效益。未来数年正是电子或 IT 产品从“贵族”走向“平民”的关键阶段，价格将成为关键因素，因此产业分工不可避免。从这一点看，随着电子产品更新换代日益加快，ODM 未来在 PC 领域必将赢得更大的市场份额并有良好的财务表现。而以智能制造为实质的工业 4.0 的出现，无疑为 ODM 厂商快速可持续发展带来了新的源泉和动力，成为其转型升级的主要方向。如图 7-1 所示为联宝（合肥）电子科技有限公司（以下简称联宝）战略导图。

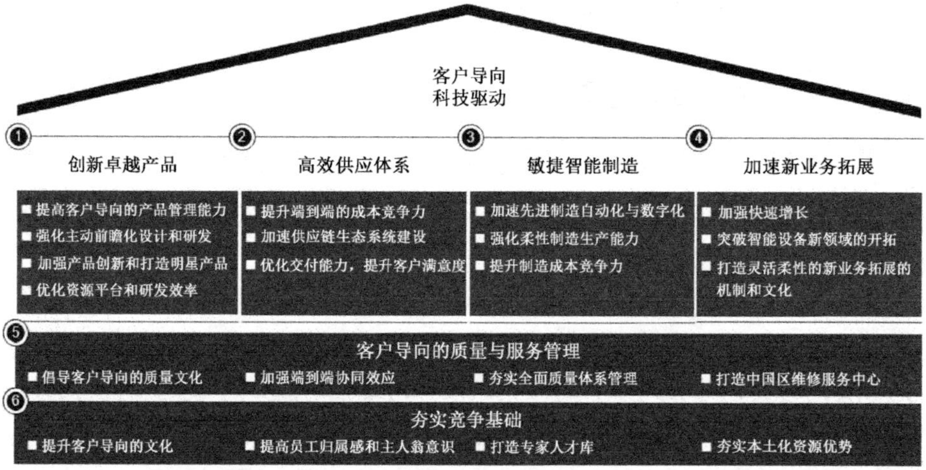

图 7-1　联宝战略导图

（二）项目实施目标

围绕产品质量、高效交付、成本降低和跨产品、跨领域的新业务开拓，打造提升车间协同研发创新能力、柔性制造管控能力和企业高效供应链能力。

不断提升数据挖掘水平，打通各环节的数据共享，建立商务智能分析能力，最终实现研产销一体化的高效运营能力。

到 2020 年，联宝智能制造水平达到创新突破的卓越水平，成为全球顶尖的智能制造标杆企业，进一步支撑公司效能效益的提升。

二、项目主要实施内容

本项目立足自主创新，研究笔记本电脑主板智能制造新模式，满足联想品牌所有型号笔记本电脑主板的生产要求，在掌握笔记本电脑主板 SMT 核心技术、建立电脑主板 SMT 高效自动化系统的基础上，实现示范应用，实现智能化生产，解决笔记本电脑主板柔性化生产的质量保障难题与准时交货难题。

项目集成应用全自动在线裁板机、全自动锡膏印刷机、智能化高速贴片机、移载吸放一体机、锡膏固化炉、回流焊机、回焊炉治具回流按压系统、双板测试系统、自动光学检测系统、功能测试系统、自动扫描系统、高速智能输送系统、ERP 系统、MES 等智能部件，实现产品数字化开发、生产过程模拟仿真和验证、生产过程实时监控和产品质量追溯、在线智能检测、设备故障自诊断、车间制造资源合理调配和车间精益生产管理等智能功能。采用虚拟制造技术，实现工艺流程模拟仿真及优化设计；应用激光打标技术，实现产品无标签识别与精确追溯；开发并应用车间内数控中心（ICC）系统，实现整个车间人员、装备、生产进度、产品产出等方面实时监控；建立车间 MES 和 ERP ，实现过程数据记录统计、监控及质量追溯，资源的综合利用率将提升 20%以上。如图 7-2 所示为联宝 PEMS 设备数控管理系统示意图。

（1）建设从研发到生产的数字化工艺设计流程。

通过导入自动化设备，提升生产线设备自动化应用率；利用机械作业的稳定性，提升产能及产品良率。导入自动化工作站，结合 IT/MES 软体，对产品生产状况以及品质状况实时追踪，有效反馈产品的任何信息，实现产品制造智能化、信息化、自动化，使目前作业形式变更为一种高端智能的工厂运营模式，即从原料准备到成品产出均实现自动化。采用导入自动化工作站与 IT/MES 软件相结合的工作方式，自动化工作站为工作主体，依据 IT/MES 设定生产相关信息完成生产智能化。自动化工作站解决旧式人工作业的不稳定性，实现产品制造信息实时追踪，任何产品制造的相关信息都可以追溯查询。

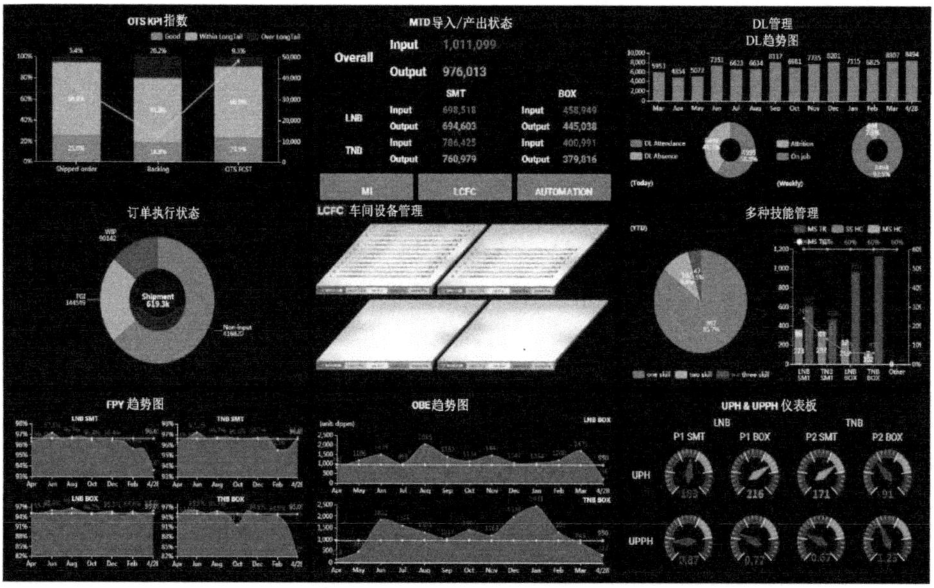

图 7-2 联宝 PEMS 设备数控管理系统示意图

（2）开发笔记本电脑主板的数字化制造和生产管理系统。

生产线中已部署 MES，协助生产作业流程和生产信息采集以及控制的自动化能够完成生产作业的计划调度、监控、资源调配、信息采集和生产过程的优化。在产品实际生产管理过程中，MES 作为公司车间生产管理的系统，贯穿整个产品生产流程，其中系统功能体现如下。

SMT 上料功能：收集贴片机上料信息（站位号/FEEDER/物料等），并进行合法性校验，建立工单和物料的追溯链。生产跟踪功能：根据工单执行进度，引入防呆机制保证不同产品按照既定的工艺进行生产。QA/IPQC 检验控制功能：执行管理生产过程中的检测工作和抽检工作，并从检测设备中获取检测详细结果，检测不良执行维修或返工业务。不良品维修业务功能：提供维修策略建议，实现不良产品快速再生产，建立产品详细维修档案。返工生产业务功能：下达返工指令至生产单元，设定返工工艺和返工

SN 号清单。产品追溯功能：实时监控 PCB 板生产线上在制品情况，建立质量追溯链，实现正反向追溯。如图 7-3 所示为联宝 MES 架构。

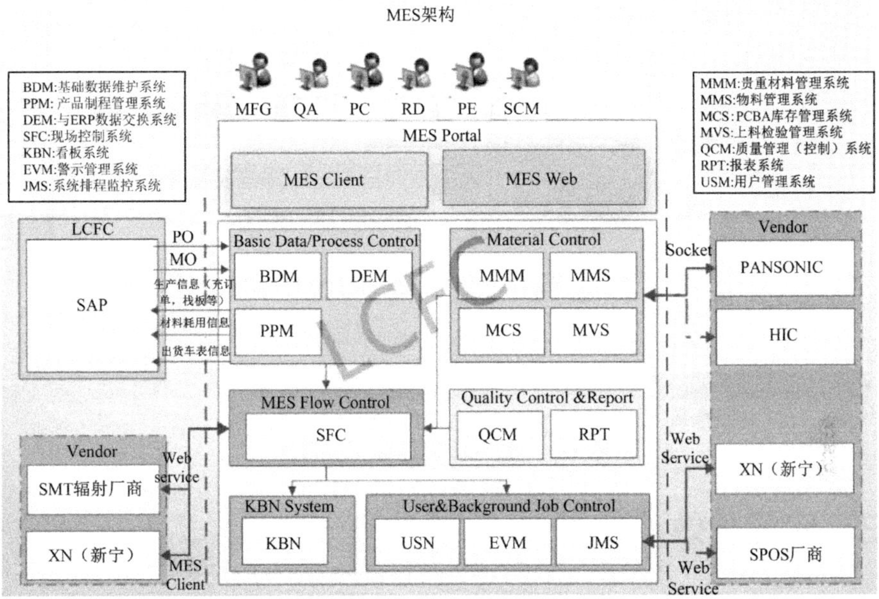

图 7-3　联宝 MES 架构

（3）推动贯穿质量、财务、人力资源等环节的综合信息化管理系统建设。

在公司运营过程中，企业流程管理 EFORM 系统、电子采购系统在协同供应链流程中发挥了积极作用，如为采付整套流程、物料管理、采购招标及供应商管理等方面提供精准的服务，涉及资金 60 多亿元人民币。开发了公司人力资源管理、办公流程管理、员工学习平台、企业内网、文档管理、员工论坛、企业官网、IT 支持管理、视讯会议管理、办公移动化、业务需求系统化管理等系统，支持员工使用，并取得了良好的效果。如图 7-4 所示为联宝质量管理系统页面。

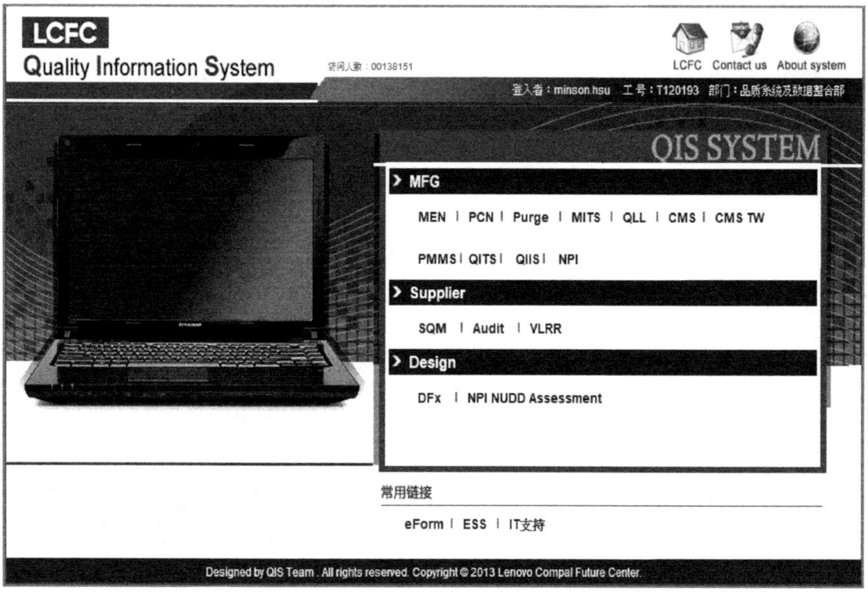

图 7-4　联宝质量管理系统页面

三、实施成效

如表 7-1 所示为联宝实施智能制造前后的成效对比。

表 7-1　联宝实施智能制造前后的成效对比

对比指标	传统模式	智能制造新模式	效　果	单　位
运营成本	3916.06	3175.94	23.3%↓	元/台
研制周期	0.6～1.3	0.4～0.9	30.8%↓	年
产品不良率	4%	3%	25%↓	/
生产效率	4.26	5.08	21.8%↑	台/人·天
能源利用率	15.29	17.62	13.2%↑	吨标准煤

四、实施经验

（1）前期规划充分考虑了各个部门的业务连接及建立标准化，方便统一管理。

（2）注重产品追溯，产品各工序车物料在系统中的衔接通过条码/二维码扫描进行，在数据库和应用平台方面实现数据信息流通畅、准确和高速率访问及共享，更好地服务生产及预警。

（3）尊重科学发展规律及企业事实，以最合理的技术手段实现效果的最大化，不脱离实际，不盲目追求高技术、新技术，在满足一定创新的要求下，成熟可靠是工业技术应用的基本原则。

（朱嵘、许明华　供稿）

08

6 代液晶玻璃基板智能制造试点示范

——芜湖东旭光电科技有限公司

一、项目实施背景与状况

近年来，随着显示产品向大屏幕、平面化、轻薄化、高清晰度、节能环保方向发展，以薄膜晶体管显示技术（TFT-LCD）为代表的平板显示技术（FPD）和产品正在快速占据显示领域的主导地位。

TFT-LCD 玻璃基板广泛应用于电视、计算机、手机等终端显示领域，随着平板显示产业的飞速发展，市场对大尺寸液晶玻璃基板的需求急速增加，液晶玻璃基板市场在技术革新的推动下日益壮大。

全球新一轮科技革命与我国制造业转型升级形成历史性交汇，智能制造在全球范围内快速发展，已成为制造业重要发展趋势，液晶玻璃基板更轻更薄的产品设计已成为主流共识，这对玻璃基板的厚度、硬度、光电特性等提出了极为苛刻的要求。在此背景下，芜湖东旭光电科技有限公司（以下简称东旭光电）全面提升产品竞争力，以市场为导向，不断创新技术，积极推进关键技术的智能装备应用、生产过程数据采集与分析系统的应用、产品数据管理系统的建设和应用，并完善制造执行系统和内部网络架构，突出生产车间的智能制造特色，实现研发、生产、财务和客户等各环节的信息化整合，实现企业内部的资源共享，提高生产效率和能源利用率，降低生产成本和产品不良率；缩短产品研制周期，提高企业的核心竞争力。

1. 项目基本情况

（1）项目名称：6 代液晶玻璃基板智能制造试点示范项目。

（2）所属模式：离散型智能制造模式。

（3）建设内容：项目以 ERP 和 MES 为基础，集成多种工业信息化系统，搭建工厂信息集成平台、智能化生产平台、市场服务平台三大体系。

（4）项目建设周期：2016 年 1 月—2018 年 12 月。

2. 项目特点

本项目通过对 PDM、MES、ERP 系统的升级改造，实现研发、生产、财务和客户等各环节的信息化整合和内部资源共享。通过加强对生产过程的控制，提高产品生产效率、提升产品质量和良品率，降低生产成本。通过对信息的收集、整理，为企业决策提供及时有效的数据支撑，实现对公司管理、设计、研发、生产、销售全过程的智能化整合，从而加强公司各方面的竞争力。具体特点如下。

（1）装备智能化。

本项目的制造装备智能化率超过 90%，通过智能制造系统的升级改造，实现了生产装备之间的信息集成，尤其是前后工程直连通道的建设，极大提高了整条生产线的智能化率。各工序采用 MES 实施监控，实时采集信息，对于产品质量问题的判定分析实现快速精准定位，可实施对产品缺陷的追溯和分析预警。

（2）生产流程智能化。

通过 ERP 系统导入客户订单，传输给 MES 进行生产调度及组织生产，MES 对产品生产全过程进行管理和质量控制与追溯，实现了工序间的自动流转。

（3）管理过程智能化。

通过供应商管理系统进行生产物料及供应商的管理，实现与供应商的采购协同，保证了生产物料的供给；利用仓储管理系统，减少产品的堆积，并保证物流的及时性。供应链系统与 ERP、仓库管理等内部系统无缝整合，实现从顾客到企业再到供应商的高效协同。

二、项目主要实施内容

（一）总体架构和整体技术路线

本项目的产品工艺流程涵盖原料混配、窑炉熔化、铂金通道、溢流成形、切断装载、传输、检验、包装等工序，均实现了自动化作业。项目采用了具有自主知识产权的 TFT-LCD 玻璃料方，碎玻璃粉碎原料混合新工艺，大幅提升熔解效率的电助熔加热控制窑炉新技术，强化均温冷却搅拌的铂金玻璃通道新工艺、超薄液晶玻璃基板生产的溢流成形新工艺、垂直输送技术。后加工系统采用了先进的玻璃金刚石切割技术、研磨技术、清洗技术、气浮技术、玻璃缺陷图像自动识别技术，采用了工业自动化机器人、PLC 可编程序控制器、DCS，具有国际先进的自动化水平，同时采用局域网技术，实现了生产管理的全信息化，并完成了信息化和自动化的高度融合，以先进的环境控制技术、洁净生产技术保证产品的高品质。

本项目通过建立内部通信网络架构，实现了设计、工艺、制造、检验、物流等制造过程与 MES、ERP 等系统的信息互联互通，实现了制造系统的泛在感知、互通互联和数据集成，确保生产过程的实时监控、生产调度、设备维护和质量控制等工厂智能化服务。项目建成后公司的系统架构如图 8-1 所示。

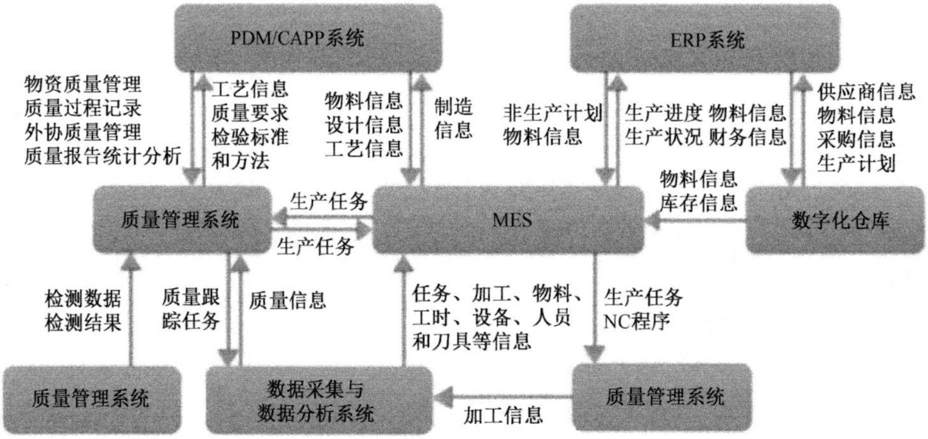

图 8-1　东旭光电系统架构

（二）实施方案

（1）MES。

本项目的 MES 采用核心服务器和核心交换机双机热备设计，保证系统的稳定运行。网络使用三层交换及虚拟子网（VLAN）技术，实现不同子网以及子网内特定主机的通信访问需求，并采用千兆路由交换技术作为依托，保证数据采集和分发的及时性。项目 MES 的开发基于 Web 的 3 层 B/C/S 相结合的实时监控系统体系结构，加强了系统的稳定性和扩展性，利用 OPC 数据采集技术及其他数据交换采集技术和关系型数据库技术实现分布式集群应用。通过以太网和采集服务器配置，连接 PLC 系统、DCS，形成 MES 软件界面和硬件架设。完成建设的 MES 架构如图 8-2 所示。

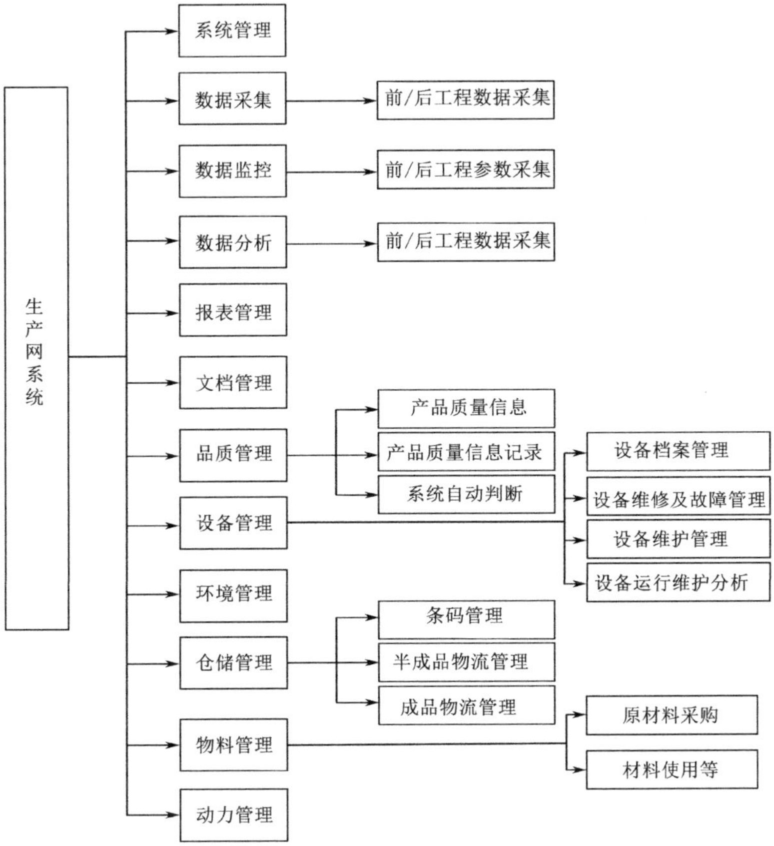

图 8-2　东旭光电 MES 架构

（2）ERP 系统。

本项目关键绩效指标来自集团总体战略目标的分解，ERP 系统的建设通过顶层设计，贯彻集团战略；准确进行预分析，及时预警，防范风险；辅助决策、优化资源配置。

财务管理：财务系统分为财务会计和管理会计两大层次。财务会计主要完成企业日常的财务核算，并对外提供会计信息；管理会计提供了计划预算控制、责任中心的考核、成本管理、资金管理等内容，为内部经营决策提供会计信息。

供应链管理：供应商风险管理（VRM）是供应链体系中重要的一部分。VRM 由采购合同管理、采购价格管理、供应商评估组建组成，VRM 可统计合同交易执行情况，为企业降低采购成本和全面地评估、选择承包商提供科学依据。

（三）新技术创新应用情况

东旭光电的技术信息化系统主要由 CAPP/PDM 等软件系统组成。CAPP 系统能在工艺文件编辑器和工艺设计资源库支持下，实现计算机辅助工艺设计、工艺设计过程管理和工艺文件与资源的管理，达到方便、快捷地编制工艺文件。PDM 系统是企业级的系统，是技术信息化系统的支撑系统，其功能主要体现在能够实现产品设计过程的计算机管理和设计文档的规范化管理，保持产品数据在产品开发全过程中的正确性、一致性，实现产品开发全过程的信息集成，以及与 ERP 系统的信息共享，应具有图文档管理、产品管理、工作流管理、项目管理、辅助管理等功能。

公司的信息系统采用了制造物联、制造执行和制造协同三个层次整合而成的体系化内容，不仅包括工厂生产过程数据采集与处理方法，也包括从数据分析中获取生产线运行规律并对产品制造过程做出实时决策的智能化手段。主要是通过物物互联、实时智感、数据演化规律，达到实时预警、反馈调控和仿真优化等具体手段，实现生产过程监控服务、生产任务调度服务、产品质量优化服务、设备维护维修服务等各种制造服务业务，以实现制造过程的实时动态优化，提升制造企业智能化水平。

三、实施成效

随着东旭光电智能制造系统的投入使用，企业通过与生产工艺的不断磨合，在提高生产效率、降低运营成本、缩短产品研制周期、降低产品不良率、提高能源利用率等方面取得了显著的效益，具体对比如表 8-1 所示。

表 8-1　东旭光电实施智能制造前后的成效对比

序 号	指　标	实施前	实施后	对比情况
1	生产效率	50 万片/年	65 万片/年	提高 30 %
2	运营成本	250 元/片	171 元/片	降低 21.7%
3	产品研制周期	18 个月	15 个月	缩短 20%
4	产品不良率	20%	8%	降低 12%
5	能源利用率	78%	90%	提高 12%

四、实施经验

东旭光电的智能车间项目凸显了智能制造的优势，提高了生产工艺控制精确性，强化原料、产品计量的精确度，设备操作自动控制、自动调整，减少了原材料及能源浪费，帮助企业解决了大量生产问题，加快了东旭光电管理现代化的进程，带动了企业观念创新、制度创新、技术创新、文化创新。先进的管理理念在企业内部得到了固化，将原来的金字塔形的管理系统进行扁平化和内部网络化，使信息和资源做到了同步传递、全面传递，使决策效率变得高效、决策方向变得精准、决策内容变得详尽，使企业内部管理更加透明。

此外，先进的电子智能界面培训、详尽的公司生产资料、严格又不失人性化的智能信息管理制度、全面的信息化办公系统促使企业员工的业务水平和整体素质有了明显提升，各部门之间的交流更加通畅，人与人之间的关系更加融洽。强化了沟通和全局管理，实现了资源共享，降低了能源消耗、生产成本和管理成本，从而最大限度地发挥了企业潜能，实现效益最大化。

1. 本项目的示范作用

（1）实施产业横向集成及整合，增强国际竞争力。带动行业制造技术发展，提升整体行业制造水平，打破国外技术垄断。

（2）实施企业内纵向集成，带动相关产业快速发展。依据完整的电子信息产业链，快速实现产业链内集成。

2. 本项目的推广示范意义

（1）高效灵活的生产模式。推动企业从生产方式到管控模式的变革，使企业实现优化工艺流程，降低生产成本，促进劳动效率和生产效益的提升。

（2）产业链有效协作与整合。推广智能制造技术在装备制造行业的应用，推动产业链研发、设计、生产、制造等环节的无缝协作，为进一步提高产业链协作效率打下基础。

（3）新型生产服务制造。促进企业从生产型组织向服务型组织的转变，通过运用物联网、大数据、云计算等智能制造关键技术，不断催生远程运维、智能云服务等新的商业模式和服务形态，全面提升企业创新能力和服务能力。

（4）协同开发和云制造。实现信息共享，整合企业间优势资源，在各产业链环节实施协同创新，推动制造资源和制造能力的优化配置，以提高劳动生产率、提升产品质量。

（杨静怡、赵经纬　供稿）

09

LED 外延片及芯片智能制造试点示范

——厦门乾照光电股份有限公司

厦门乾照光电股份有限公司（以下简称乾照光电）是国内领先的全色系超高亮度 LED（发光二极管）外延片及芯片生产厂商，总部坐落于美丽的厦门，产业化基地分布在厦门、扬州、南昌，是国家火炬计划重点高新技术企业、中国光电行业“影响力企业”、国家知识产权示范企业，承担国家重点研发计划、国家“863 计划”、国家火炬计划等多项重大课题，并拥有国家级企业技术中心及国家级博士后科研工作站。

乾照光电主要从事全色系超高亮度 LED 外延片、芯片、高性能砷化镓太阳能电池、Mini-LED/Micro-LED 以及 VCSEL 等化合物半导体器件的研发、生产与销售，产品性能居国际先进水平。目前公司拥有超过 10 万平方米的现代化洁净厂房，上万台（套）国际先进的外延片和芯片制造等设备。

乾照光电始终致力于研发、生产高品质的绿色环保产品，竭诚为广大客户提供最满意的产品和服务，朝着光电领域卓越企业的目标不断前进。

一、项目实施背景与状况

（一）项目实施背景

近年来，随着工业领域与信息技术领域的发展，智能制造作为信息化与工业化高度融合的产物得到了长足发展。与以往发生的工业革命相同，西方发达国家在新的一轮制造业革命中依然扮演着重要的角色。我国加快从制造大国转向制造强国的步伐。

“中国制造”正逐步向“中国智造”转型。在此背景下，LED 产业作为中国十一大新兴产业之一，其转型道阻且长。目前，我国绝大多数 LED 制造企业依靠的依旧是人力，设备、机器陈旧，生产线老化严重，这样的局面还将持续很长一段时间。在落后的生产水平下，产品质量无法得到保障，“中国制造”在国外沦落为粗制滥造的代名词。因此，中国制造业需要改变。于是，智能化生产在 LED 行业逐渐被提上了日程。同时，在智能化生产的大背景下，不少 LED 企业开始竞相追逐。三雄极光、奥其斯、立达信、鸿雁电器、阳光照明等众多企业相继进行生产线智能化改造。

在整个 LED 行业大环境中，我们都面临着生产管理、技术设计、品质管理、仓储管理、销售管理等全方位的产品全生命周期的管理升级。乾照光电深谙其道，从2014年起布局智能制造管理系统。为了推进智能制造，解决生产过程中信息化与工业化集成的问题，乾照光电投入 8.74 亿元资金组建 LED 外延片及芯片智能制造试点示范项目，并已顺利投产。

（二）项目实施的主要思路和目标

为了提升公司的市场竞争力，乾照光电自 2014 年下半年开始新建 GaN LED 外延片、芯片车间。为了有高起点和快速发展的基础，乾照光电购入了大量的全自动 GaN LED 外延片、芯片生产设备，建成了一个可持续改善的自动化生产车间（主要设备自动化覆盖率达到 100%）。公司同步配置了信息化基础管理平台，应用于生产、采购、仓储、业务管理等环节。该平台建设了覆盖全厂区范围的局域网和以 ERP、MES、WMS、CRM、PMMS、OA、EHR 等为核心的企业应用信息系统，软件信息系统和自动化车间构成了本智能制造项目的核心元素。

通过项目实施，乾照光电建立了全生命周期产品信息统一平台，实现了企业数字化设计、装备智能升级、工艺流程优化、精益生产、可视化管理，质量可控及可追溯成为现实。在技术方面预计针对背光、照明、显示屏等领域分别开发出多款适配的产品（如针对背光领域开发的 BL2235X 系列产品、针对照明领域开发的 W1734X 系列产品、针对显示屏领域开发的 G/B0508X 系列产品等），其产品性能经过第三方检测对比，处于国内领先水平。同时，产品凭借高亮度、高稳定性得到业内的一致好评，市场前景广阔，对打造厦门千亿元级产业链具有积极的作用和影响。

二、项目主要实施内容

（一）项目实施的主要内容

本项目自启动以来主要分以下几个阶段进行：设备购置及调试阶段（2014.9—2015.4）、正式投产阶段（2015.5 起）、IT 软硬件购置及调试阶段（2014.11—2015.05）、运行维护阶段（2015.6—2016.12）和设备及系统改造升级阶段（2017.1—2018.04）。项目系统架构如图 9-1 所示，主要通过 ERP、MES、WMS 信息系统的集成，建立从生产计划到生产管理，再到品质管控，最后到库存管理的统一信息管理平台。通过系统的集成，在各生产环节间建立联系，建设生产可视化 / 数字化 / 自动化、决策科学化、系统集成化的智能制造生产车间。

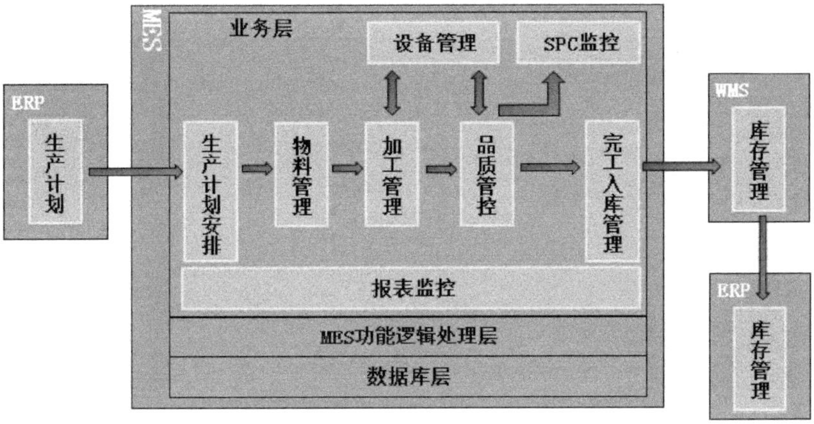

图 9-1　乾照光电项目系统架构

（二）项目采取的主要措施

1. 设备自动化建设方面

本项目自 2014 年启动，即着眼于智能制造大方向。为了给智能制造奠定良好的基础，乾照光电购置的生产设备及检测设备均为国内外知名品牌的一流设备，主要设备的自动化覆盖率达到 100%，乾照光电各生产装置工艺流程已实现自动化控制，自控投用率、数据采集率均达到 95%以上，为进一步开展基于模型的先进过程控制和在线工艺流程优化及推广奠定了基础。本项目对公司提高生产效率、降低生产投入、稳定产品质量，发挥着极为重要的作用。

2. 信息系统构建方面

乾照光电基于业务发展需求而重视信息化建设，目前已建成以 ERP 和 MES 为核心的适合公司芯片全过程生产的信息系统。已经实施的系统有 ERP、MES、WMS、PMMS，其中 WMS、PMMS 为乾照光电自主开发的软件系统；ERP 系统采用的是 SAP 系统。目前，乾照光电已顺畅使用 MES 并取得了显著的效益，MES 对设备、产品、工艺、数据采集及机台保养等方面均做出了重要的贡献，对其简要介绍如下。

（1）MES 对设备的监控管理（见图 9-2）：通过 MES 查询，可实时查看现场所有设备的状态，达到对设备的实时、可视化管理。

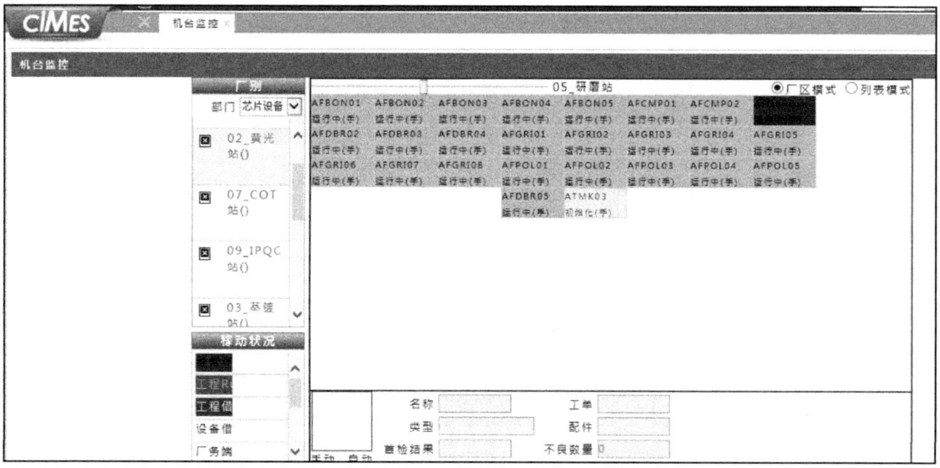

图 9-2　乾照光电 MES 对设备的监控管理示意图

（2）MES 对产品的监控管理（见图 9-3）：系统可实时监控所有产品所处状态，实现对产品的实时、可视化管理。

（3）MES 对生产工艺的监控管理（见图 9-4）：系统可设置工艺流程，监控产品按照设置执行，实现可视化、智能化管理产品生产工艺。

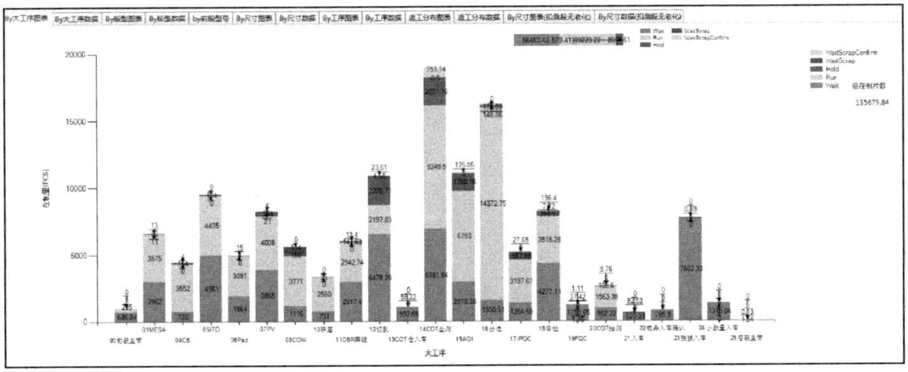

图 9-3　乾照光电 MES 对产品的监控管理示意图

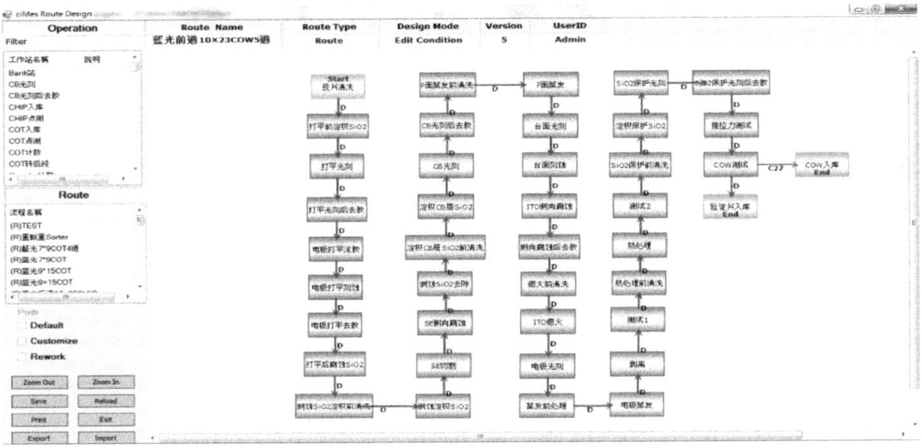

图 9-4　乾照光电 MES 对生产工艺的监控管理示意图（一）

如果上一道生产工艺未完成，系统将自动卡控，不允许进入下一道工艺生产，实现智能化管理生产（见图 9-5）。

图 9-5　乾照光电 MES 对生产工艺的监控管理示意图（二）

（4）MES 对所有工艺流程数据采集的管理和控制（见图 9-6）：系统与自动设备的软件进行集成，设备数据自动上抛至 MES 中，在 MES 中设置产品卡控标准，MES 即自动监控产品质量，实现产品质量智能控制。

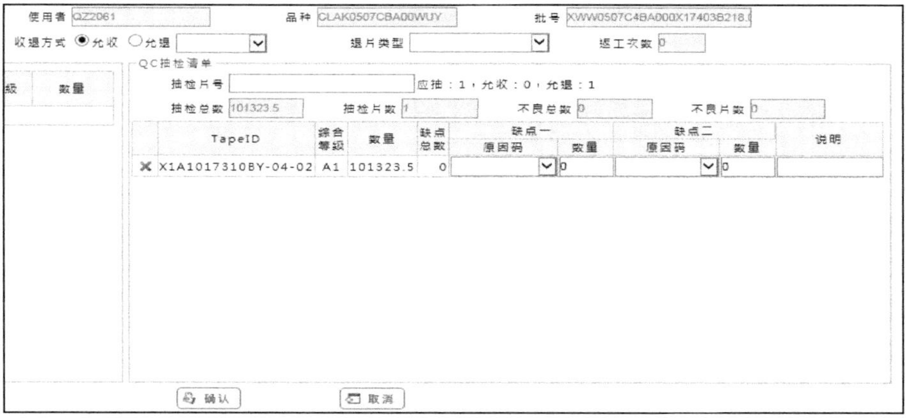

图 9-6　乾照光电 MES 对所有工艺流程数据采集的管理和控制示意图

（5）MES 对产品数据的管理：通过扫描任意经过 MES 生产的产品条码（含加工过程中的半成品和成品），均可在 MES 中追溯相应的产品数据，实现了产品质量可追溯。

（6）MES 对机台预修保养、零配件、载具、物料等的管理。

3. 信息系统与设备集成方面

本项目的主要设备均自带控制系统，即设备软体。通过调用通信模块，操作计算机的 I/O 总线，向通信端口发送指令，指令通过串口等接口发送给设备内部的可编程逻辑控制器，由后者通过数字信号控制设备按照设定的程序进行运转，最终完成操作。期间产生的数据将固定存储在计算机的硬盘中，MES 实时采集硬盘中的数据，存储并供随时调用。

4. 上下游产业协同智能化方面

本项目以物料、产品和能源为纽带，根据供需和客户需求与上下游企业全面对接产业链，完善 CRM，共享产耗和库存信息，建立循环经济，形成“三位一体”，促进上下游产业与城市的协同发展。

三、实施成效

1．项目的发展空间

按照乾照光电对本智能制造项目的规划，共分为三个阶段：单体建设阶段、整合阶段和挖掘阶段。本项目目前处于整合阶段，已具备智能制造所需的信息系统（MES、ERP、WMS、CRM 等）、100%自动化设备，整合了每个信息系统与所管理的模块。乾照光电的智能制造项目在全国范围内处于领先水平，但仍将继续进行深度挖掘，持续推动智能制造向工业化 4.0 迈进。信息系统建设中长期规划如图 9-7 所示。

厦门乾照光电股份有限公司
XIAMEN CHANGELIGHT CO.,LTD.

信息化建设阶段计划

		近期	中期	远期
时间		2018/12	2019/01—2020/12	2021—2022
阶段		建设阶段 打通价值链环节	整合阶段 打通价值链环节	挖掘阶段 数据分析&决策支持
建设内容	决策平台	❑ 报表分析平台	❑ 报表分析平台深入应用	❑BI系统建设 ❑战略情报系统建设
	运营平台	❑ERP系统建设（厦门厂） ❑建设eHR系统 ❑MES制造执行系统完善 ❑完善CRM系统 ❑完善WMS系统 ❑费用报销系统、资金平台	❑ERP系统建设（扬州厂） ❑预算管理系统 ❑质量管理系统 ❑企业数据集成总线ESB	❑完善&运维已建设信息系统 ❑建设PLM产品生命周期系统 ❑挖掘信息资源
	沟通平台	❑OA系统建设和推广 ❑内部即时通信工具	❑初步实现无纸化办公	
	基础平台	❑网络负载均衡 ❑服务器负载均衡 ❑备份系统建设 ❑异地容灾 ❑软件开发平台	❑单点登录系统 ❑异地容灾 ❑建设服务器管理系统 ❑文档加密系统	❑ITIL管理

图 9-7　乾照光电信息系统建设中长期规划

综上所述，乾照光电的智能制造基础牢固且有长远规划，具有非常好的发展空间。

2. 项目的价值空间

本项目已实现运营成本节约 66%、产品研制周期缩短 66%、生产效率提升 7 倍、不良品率降低 66%、能源利用率提升 50%，价值空间非常广阔。

3. 行业发展空间

根据全球 LED 产业整体发展状况及趋势，预计未来 5 年，国内市场对背光、照明、显示屏领域的芯片需求将保持高速增长，市场前景良好，加之近年车用 LED 的广泛推广，更将推动 LED 产业持续增长，保证行业发展空间。

四、实施经验

厦门是“一带一路”和“海西自贸区”的重点城市，也是首批国家级半导体照明示范基地。半导体光电产业作为“海西自贸区”和厦门市的重点支柱产业，是厦门市经济结构转型、产业升级的重要依托。

乾照光电是目前国内规模最大的四元系红黄光 LED 芯片制造商，是国内领先的超高亮蓝光、绿光 LED 芯片制造商，同时是砷化镓太阳电池的供应商。本项目涉及的软件系统及自动化设备均被 LED 行业广泛应用，具有可复制性。而本项目自启动已实施五年多，经过不断地调试与升级，其软件系统与自动化设备的集成已达到一定水平，真正实现了数字化设计、装备智能化升级、工艺流程优化、精益生产、可视化管理、质量控制可追溯等方面的智能化制造，具有示范价值。

（宋关坤、刘碧霞　供稿）

10

大规模集成电路硅基底智能制造试点示范

——麦斯克电子材料有限公司

一、项目实施背景与状况

（一）项目实施背景

大规模集成电路硅基底功能材料即 IC 级硅片，属于十大优先发展领域中新一代信息技术领域的代表性产品。硅片是制作晶体管和集成电路的重要材料，是芯片制造的基底材料。IC 级硅片的生产制造是保障我国信息技术产业安全稳定发展和国民经济持续发展的基础支撑产业。大尺寸 IC 级硅片制造难度大，对纯度与尺寸的要求高。目前，我国相关企业存在技术落后、设备依赖进口、生产方式落后、产品质量不稳定、产能低、能耗大等问题，无法满足大尺寸 IC 级硅片的高品质、高效率、多品种、小批量的生产制造需求。

本项目针对我国大尺寸 IC 级硅片自主产业化的劣势，通过引入智能制造概念全面提升国产大尺寸 IC 级硅片的研发、设计、制造和服务能力，形成大规模集成电路硅基底智能制造新模式，为我国信息产业的“中国芯”提供高品质的基底功能材料。

（二）项目实施的主要思路和目标

麦斯克电子材料有限公司（以下简称麦斯克）实施的大规模集成电路硅基底智能制造试点示范项目，采用国际先进的智能数控设备及自动检测设备，将数字仿真技术、机器人技术、智能传感技术、自动检测分析技术、二维码技术、RFID 技术、电子订单技术等应用于研发、生产、物流、销售及管理全过程。项目致力于打造国内领先的自动化、信息化、数字化、智能化 IC 级硅片生产制造基地，提升企业的资源配置优化、操作自动化、生产管理精细化和智能决策科学化水平，利用智能化方式逐步实现大尺寸 IC 级硅片生产，提高产品质量的稳定性并持续提高产品品质。

本项目涵盖 IC 级硅片从研发、设计、生产到管理的产品全生命周期，构建工厂网络通信架构及信息模型，实现 ERP、MES、WMS、SCADA、PLC/DNC、AGV 和智能传感器 / 执行器等信息系统集成，实现生产管控、决策及服务的多维度融合，初步形成数字工厂与物理工厂的迭代优化。项目将有效缩短产品研制周期、提高生产效率、降低运营成本与产值能耗，实现个性化定制的小批量、多品种柔性化生产目标。

二、项目主要实施内容

（一）项目总体架构和整体技术路线

麦斯克智能工厂总体架构如图 10-1 所示。

本项目以先进、可靠、高效、示范性为原则，以大规模集成电路硅基底功能材料产品为核心，通过数字化车间总体设计、工艺流程及数字化建模布局，完成以工厂、核心智能装备及生产线为核心的基础设施建设与改造。通过智能工厂系统设计，实现产品数字化工艺设计及仿真、加工、检测，建立以产品智能制造运行管理系统、上下料系统、智能检测系统、设备联网监控系统、智能物流与仓储系统为核心的智能化产品生产系统；建立 ERP、MES、PDM 等企业信息化管控系统并实现系统的优化集成；构建工厂网络通信架构及信息模型，实现上述系统与产品工艺设计、加工、检测、智能物流及仓储系统的优化集成，实现对车间数控设备、机器人、自主导航运输车（AGV）、智能物流仓储、智能检测设备的网络化管理及信息化管理控制；构建企业产品全生命周期管理（PLM）体系，并通过对企业生产、服务、管理等数据的挖掘、处理，应用云计算等新兴互联网技术，实现产品的个性化定制及面向研发、设计、生产、管理等产品全生命周期流程的工业大数据平台，指导企业决策及管控；建成大规模集成电路硅基底智能工厂，形成与互联网服务相融合的大规模集成电路硅基底功能材料制造新模式。

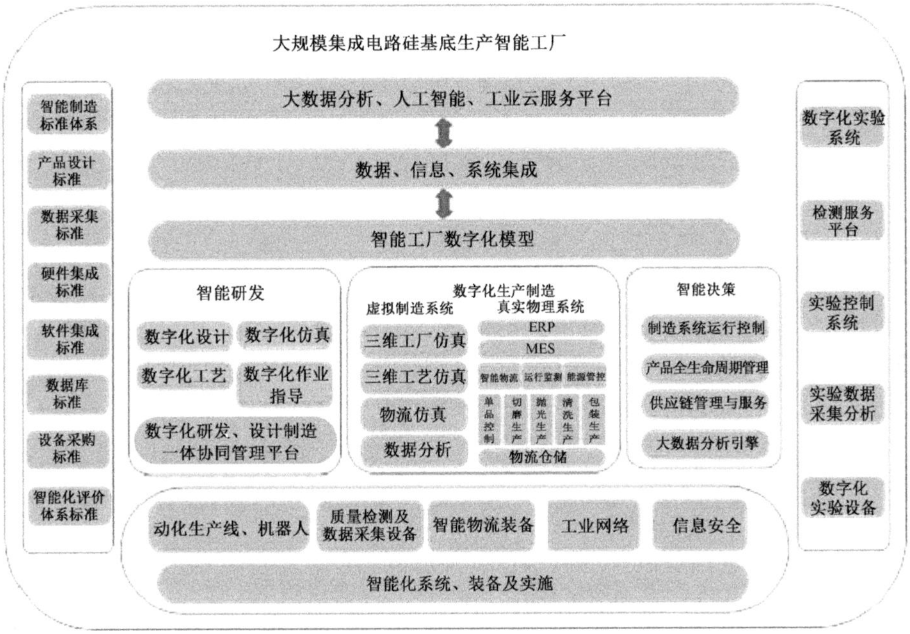

图 10-1　麦斯克智能工厂总体架构

麦斯克智能工厂技术路线充分考虑大规模集成电路半导体功能材料行业生产特点，特别是硅抛光片的生产特点，按照两化深度融合的要求，采用新一代信息技术、智能制造理论及生产管控方法进行项目整体设计和分阶段实施。麦斯克智能工厂技术路线图如图 10-2 所示。

（1）从产品品质提升、制造效率提高、客户服务优化等方面，研究企业及行业发展的需求，进行智能工厂总体规划与顶层设计，对数字工厂总体布局进行设计与仿真。

（2）对工业物联网集成管控平台、虚实制造系统迭代优化、柔性制造装备系统、工业大数据云服务平台、信息及工业控制系统互联及安全、智能制造标准体系规范等核心关键技术进行研发与突破。

（3）按照智能制造相关标准进行大规模集成电路硅基底智能工厂基础建设、设备采购与安装调试；自主研发智能装备与系统的设计、开发与制造，信息与管理系统的实施，集成管控平台的建设。

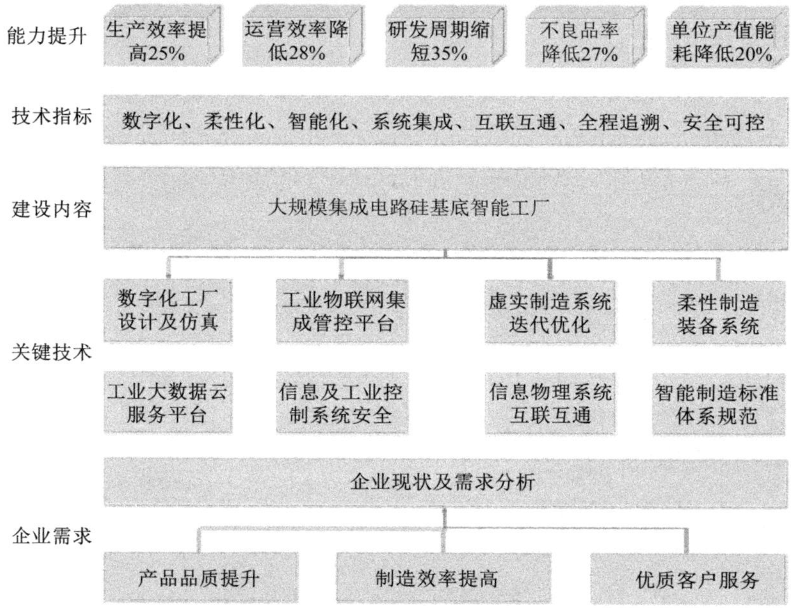

图 10-2　麦斯克智能工厂技术路线图

（4）进行智能化管控软件调试，底层传感器设备调试，信息化系统设备调试，软硬件系统集成融合；进行柔性化、数字化生产线调试，智能化工厂总体调试、试运行、正式投入运行。

（5）以数据为驱动进一步研究，采用数字孪生技术、虚实制造系统迭代优化，提升智能工厂互联互通、数字化、柔性化、智能化、生产过程安全可控等水平，最终形成大规模集成电路硅基底智能制造新模式。

（二）项目采取的主要措施

本项目的开展提高了我国以大规模集成电路硅基底功能材料为核心的新一代信息技术产业智能制造模式在企业的推广与应用服务能力，构建以“产学研用”为一体的智能工厂示范，探索从设计、建设、运营、装备运维服务、生产检测、质量管控、物流管控、制造服务到高尖端智能制造重点领域人才培养为一体的集成解决方案，实现智能工厂的推广及应用。采取的主要措施如下。

（1）智能工厂设计。

利用基于数字化模型的工艺、制造及维护技术，开发了具备单一数据源的数字工厂系统模型，在数字仿真环境中建立工厂模型、产品模型、制造模型、管理模型、工艺模型、质量模型、互联互通模型等，涵盖从产品的研发、设计到生产制造再到产品服务的完整的产品全生命周期管理，从虚拟的工厂设计到现实的制造工厂，直至产品的智能化服务。

麦斯克智能工厂总体设计布局示意图如图 10-3 所示。麦斯克单晶拉制工艺仿真与数字化设计示意图如图 10-4 所示。

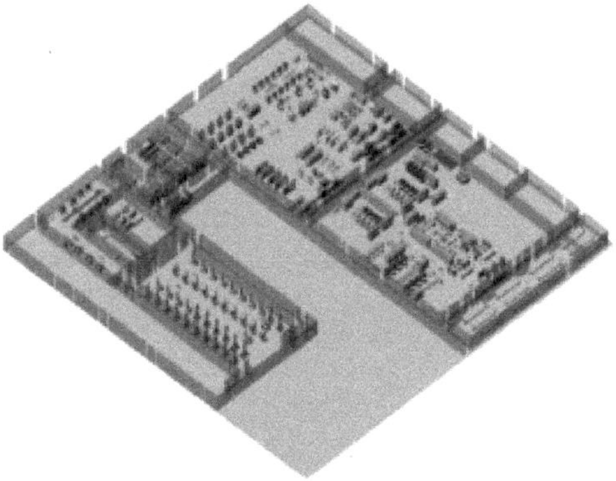

图 10-3　麦斯克智能工厂总体布局示意图

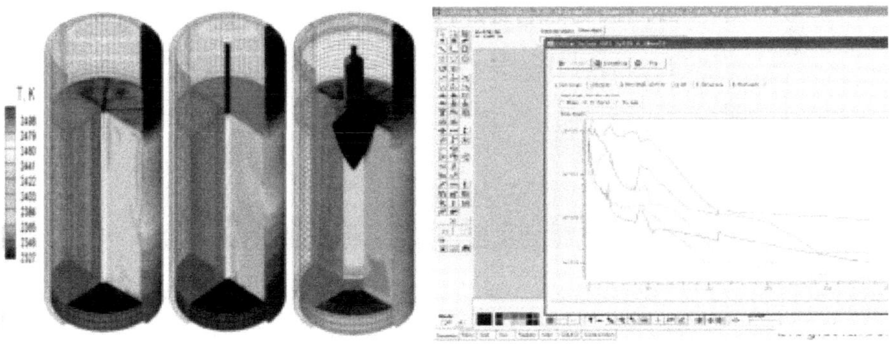

（a）　　（b）

图 10-4　麦斯克单晶拉制工艺仿真与数字化设计示意图

（2）智能工厂基础建设。

通过厂区空间布局总览与配套设施齐备性分析，生产线布局全流程动态仿真，完成生产线的合理布局。该项目生产分为单晶硅制备、硅片加工、硅片抛光及清洗三大工序，具体包括多晶备料、单晶拉制、晶棒切断、晶锭滚磨及评估、晶棒切片、硅片倒角、激光标记、硅片磨片、退火、背封、抛光、预清洗、最终清洗、检测、封装等。麦斯克智能生产系统与装备如图 10-5 所示。

（a）

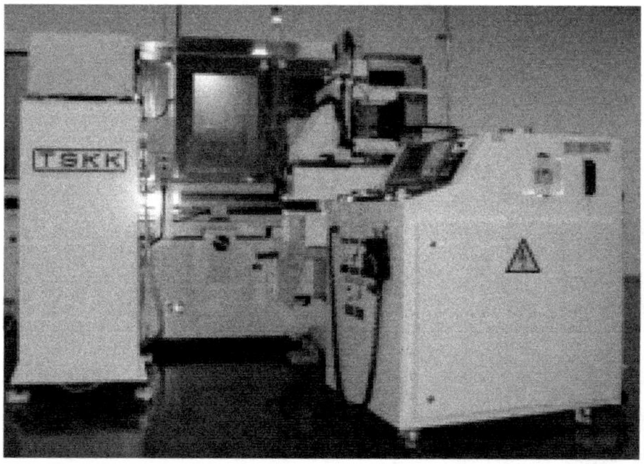

（b）

图 10-5　麦斯克智能生产系统与装备

（c）

（d）

图 10-5　麦斯克智能生产系统与装备（续）

麦斯克智能物流与仓储系统包括 AGV、分拣机、立体货架、仓储控制系统（WCS）、仓储管理系统（WMS）、条码、二维码、电子标签、移动扫描终端等。生产过程广泛采用自动识别技术，实现对物品流动的定位、跟踪、控制等功能；车间物流根据生产需要实现自动挑选、实时配送和自动输送；仓储系统实现物料的智能管理与自动进出库。麦斯克立体仓储布局示意图如图 10-6 所示。

麦斯克智能动力支撑系统（见图 10-7）包含线切割液混合系统、化学品混合 / 供应系统、抛光蜡混合 / 供应系统、抛光液混合 / 供应系统等，可实现混合酸、HCL、HF、H_2O_2、氨水及抛光液、磨液、N_2、Ar、O_2 等原料集中智能化自动供应。

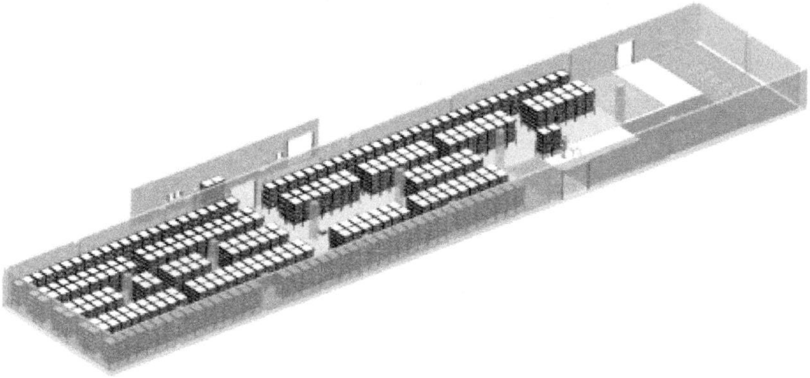

图 10-6　麦斯克立体仓储布局示意图

（a）

（b）

（c）

图 10-7　麦斯克智能动力支撑系统

（3）信息系统集成与应用。

本项目利用工业互联网技术及信息系统模型，实现 ERP、MES、PDM、WMS 及现场数据采集分析系统的综合集成与调试。如图 10-8 至图 10-11 所示分别为麦斯克 MES 应用、ERP 系统应用、数据采集与分析、集成管控平台示意图。

（a）

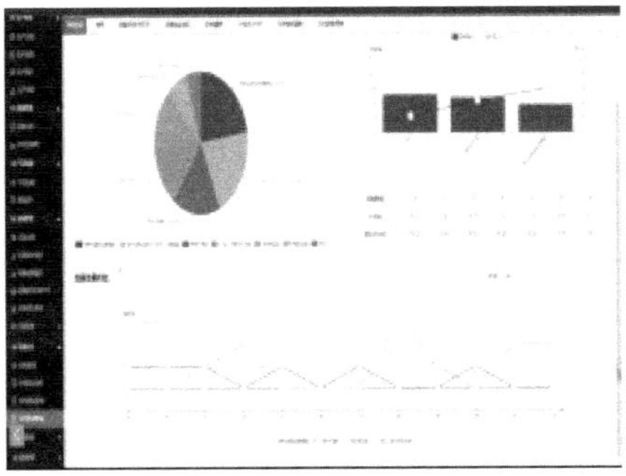

（b）

图 10-8　麦斯克 MES 应用示意图

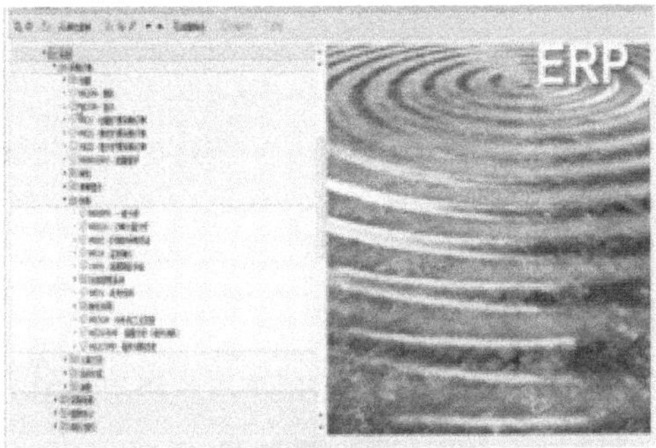

（a）

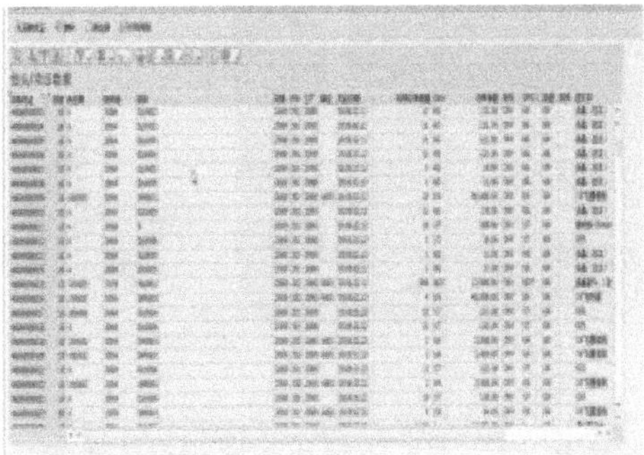

（b）

图 10-9　麦斯克 ERP 系统应用示意图

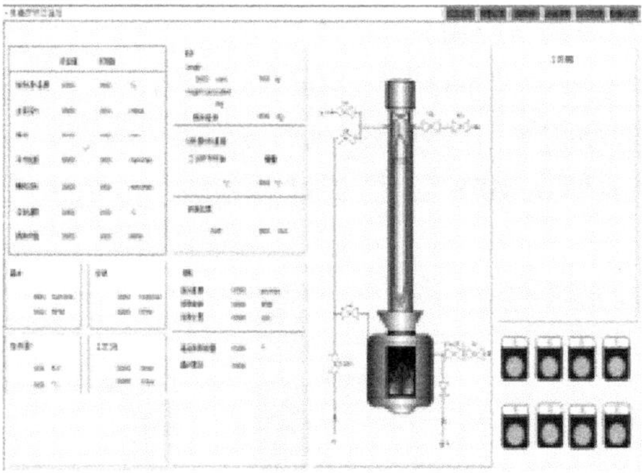

（a）

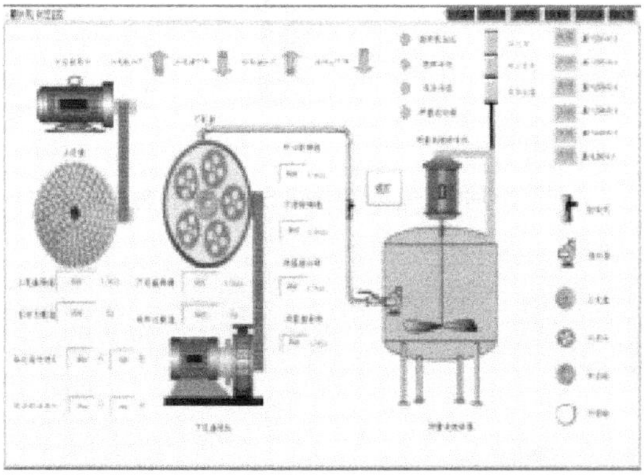

（b）

图 10-10　麦斯克数据采集与分析示意图

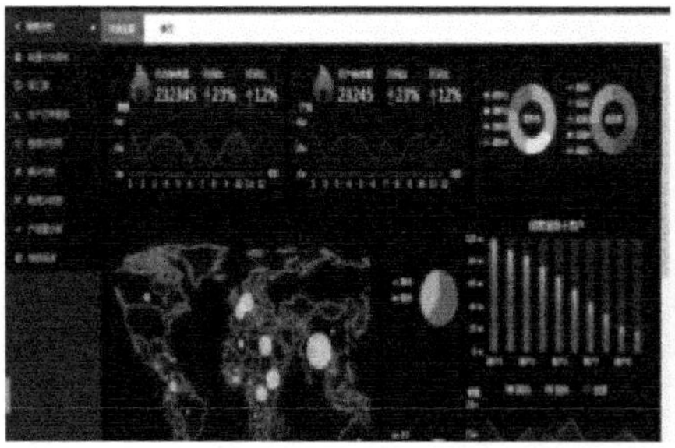

（a）

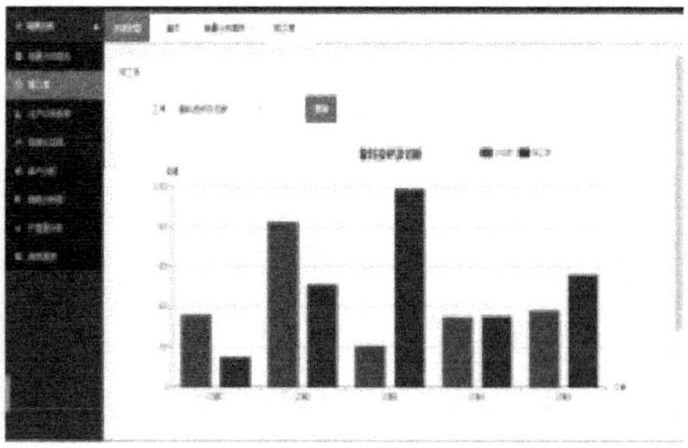

（b）

图 10-11　麦斯克集成管控平台示意图

（4）虚实制造系统迭代优化技术研发。

麦斯克的虚实制造系统利用“人—机—物—环境”互联与融合技术、虚拟工厂建模、仿真运行及验证技术、工厂孪生数据构建及管理技术，通过物理工厂与虚拟工厂的映射与实时交互，实现生产要素、生产计划、生产过程的迭代优化，全面提升产品的制造水平。麦斯克基于数据驱动的虚实制造系统迭代优化构成示意图如图 10-12 所示。

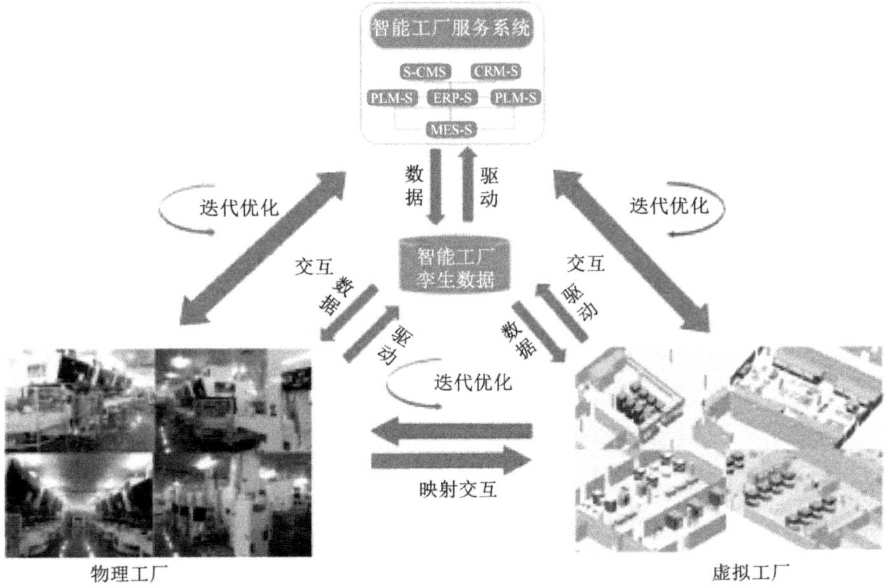

图 10-12　麦斯克虚实制造系统迭代优化构成示意图

三、实施成效

（1）本项目进一步提高了 IC 级硅片的质量和技术水平，使硅片表面平整度、表面颗粒、表面金属含量等主要性能指标达到国际先进水平。实现产品柔性化生产及制造模式转型升级，大幅度缩短产品研发周期、降低产品制造成本、提高产品核心竞争力。

（2）通过智能工厂建设，建立较完善的智能工厂系统架构和运行体系，形成完备的技术与管理团队，积累丰富的技术经验，为后续建设大尺寸、高品质 IC 级硅片生产线奠定坚实基础。

（3）构建以“产学研用”为一体的智能工厂试点示范，形成大规模集成电路硅基底智能制造新模式，新模式的推广与应用将促进行业技术进步、产业结构升级和经济发展方式转变，同时助推我国企业在全球半导体制造行业中建立优势。

四、实施经验

（1）解放思想，转变观念。智能工厂的建设不是纯工程类项目，具有明显的研究探索性质，需先行先试，还要持续完善与优化，具有长期积累效应。智能工厂建设内容多、综合性强、涉及面广，需要顶层设计、统筹协调、密切配合。

（2）建立高效的有机整体。人、机、物、信息系统之间不是简单的堆砌，要高效融合，形成一个有机整体。如 ERP、MES、OA、WMS、PDM 等软件系统，不仅要实现互联互通，更重要的是各司其职、精简优化、功能明确。

（3）重视数据获取与数据处理。目前的信息源众多，信息获取方式多样化，尤其是老旧设备的数据采集是智能化的难点。数据是智能化的集成，算法是智能化的核心，对数据的有效处理可以更好地为生产经营预警和决策，可实现工艺和系统的自我优化。

（4）形成可推广的智能制造新模式。从智能工厂设计、仿真、建设、运行、维护及智能化程度提升，到技术、管理、运营，形成具有可复制性的模式，可在行业内进行推广应用。

（张军强、田增国　供稿）

11

光通信设备智能制造试点示范

——烽火通信科技股份有限公司

一、项目实施背景与状况

（一）项目实施背景

5G 通信网的核心设备是新一代信息技术自主可控的关键，也是国家信息安全的基石。5G 通信网核心设备产品是构建大带宽、智能化通信网的基础，也是具有全球核心竞争力的关键产品。

烽火通信科技股份有限公司（以下简称烽火通信）的产品具有全球技术领先优势，已经规模应用于九十多个国家和地区的通信网，用户覆盖全球 TOP10 电信运营商。然而，5G 通信网核心设备的烽火通信 U 系列产品，涉及近五千种器件及三百多家器件供应商、数十家制造装备供应商，产品技术难度大，工艺复杂，品质管控、交付及成本面临巨大挑战，迫切需要提升研发、工艺、测试、品质、运维及运营管控水平，应有效整合全球供应链资源，提升制造平台运营效率，确保产品质量、交付及成本优势，进一步夯实企业在全球光通信行业竞争格局中的领先地位。

（二）项目实施的主要思路和目标

针对 5G 通信网核心设备——烽火通信 U 系列产品个性化定制、工艺复杂、品质管控要求高等特点，本项目围绕装联、测试、集成、组网、运维等核心业务需求，以数字化贯通制造过程，以关键制造环节工艺装备智能化为核心，以工业互联网为支撑，通过智能装备、智能物流、智能工艺终端的集成应用，让生产过程透明可控，从而建设烽火通信 U 系列产品智能制造工厂，实现光通信设备个性化定制生产的 Y 型智能制造新模式（见图 11-1）。

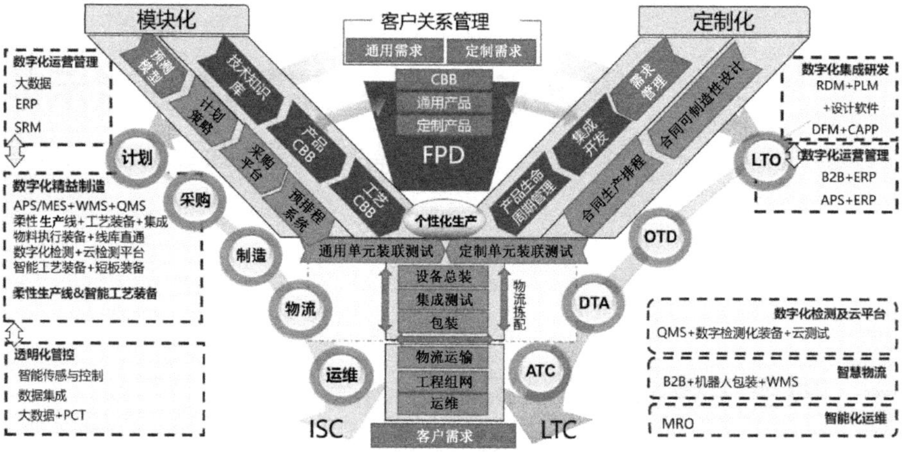

图 11-1　烽火通信 Y 型智能制造新模式

本项目通过近三年的集中建设，构建具有世界先进水平的5G 通信网核心设备个性化定制的混流智能制造工厂，实现通信网核心设备集数字化设计、数字化运营、数字化制造、智能化工艺执行、智能化运维于一体的闭环智能制造新模式。

本项目预计实现目标：生产交付周期缩短 50%，生产效率提高 30%，运营成本降低30%，产品研制周期缩短30%，不良品率降低20%，单位产值能耗降低 10%，关键过程信息采集率 100%；申请发明专利 4 项、软件著作权 12 项，形成企业 / 行业标准 3 个，联合体草拟智能制造标准 1 项；突破四项工艺短板装备。

二、项目主要实施内容

（一）项目实施的主要内容

本项目针对通信网核心设备的数字化设计、数字化运营、数字化制造、智能化工艺执行、智能化运维等各个模块展开，围绕产品的个性化需求、质量、交付、运维展开，主要内容包括以下四个方面。

（1）完善工业互联网基础和企业 IT 架构。一是全面梳理工业网络的互联互通，打通从计划层、控制层到设备层的数据链；二是利用智能设备、传感器等实现制造全流程资源要素的数据采集；三是开展中间件技术研究，实现底层装备数据和过程数据的采集、处理与融合，实现业务系统之间的交互集成；四是建立大数据支撑平台，实现从产品设计到产品交付的全流程透明化管理。

（2）完善八大运营系统，实现对数字化研发、数字化管理、数字化制造的流程贯通。集成八大运营系统（FHRDM、PLM、ERP、SRM、APS、MES、PCT、MRO）以及 CAPP、WMS、QMS 等核心业务系统，对公司内部的研发、计划、采购、制造、物流、质量、销售、服务、财务、管理等集成，实现全流程信息的互联互通。

（3）采用智能化部件 / 装备及软件，突破关键工艺短板装备的关键技术。一是采用 RFID、工业视觉、伺服控制等智能部件，实现对生产过程的采集、跟踪、管控；二是采用智能装备和系统软件，建立智能工艺终端、智能物流及物料执行、云检测平台；三是突破视觉定位、柔性机械手、多运动协同控制等关键技术，研制关键瓶颈设备并进行应用示范；四是通过 M2M 交互集成实现设备与设备之间、设备与运营系统之间的信息交互与集成。

（4）建立以数据驱动为基础、大数据为支撑的透明化管理决策平台；建立以质量为核心的大数据系统，通过质量分析决策，建立市场对质量苛刻要求的评估体系；构建统一的信息通信架构，建立基于大数据分析和云计算的企业智能生产指挥中心；建立面向智能服务型制造的管理系统。

（二）项目采取的主要措施

1. 确定项目总体技术路线

本项目的智能制造总体技术路线如图 11-2 所示。

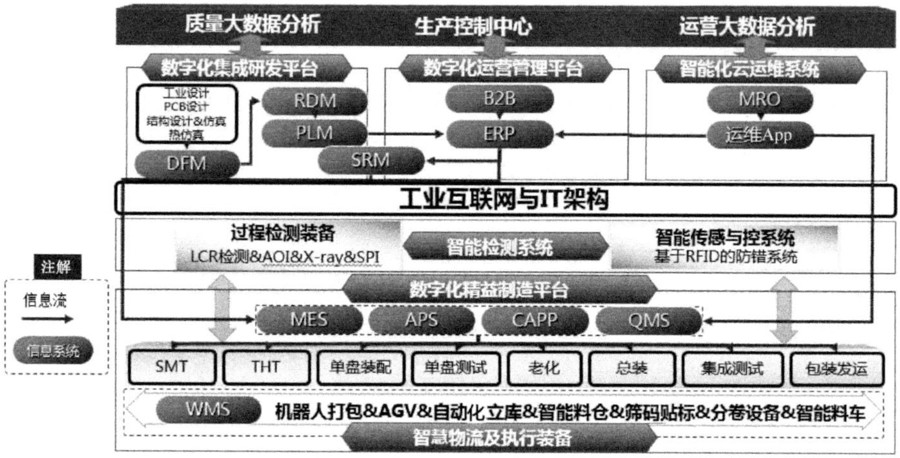

图 11-2　烽火通信智能制造总体技术路线

2. 建立支持业务全面集成的工业互联网络架构

本项目构建智能工厂的工业互联网络，采用集成有线与无线一体化交换控制设备、有线与无线网络共用安全策略管理和网络设备，实现网络无缝集成，同时采用统一的网管策略，做到有线与无线设备融合管理，形成一站式网管。

在网络安全建设方面，利用系统容灾、数据加密、上网行为管理、反垃圾邮件网关、IT 运维监控、机房环境监控、VDI+网络访问控制等基础设施和管理手段保障研发信息安全，对关键信息系统和 IT 基础设施设计信息安全防护能力。如图 11-3 所示为烽火通信信息安全系统技术架构示意图。

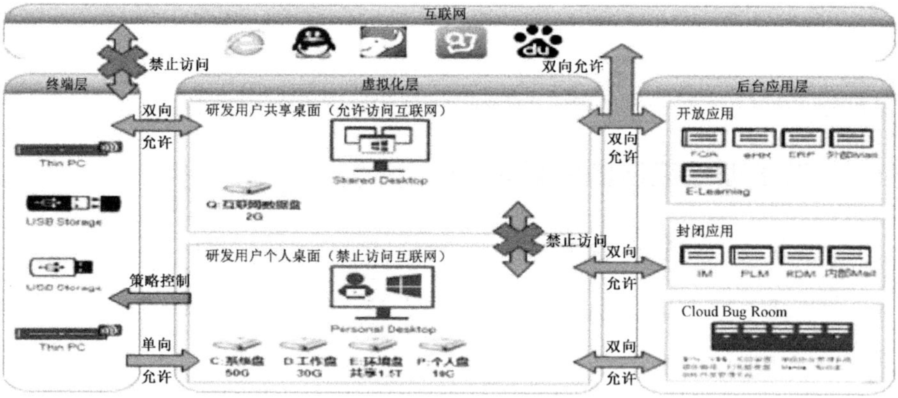

图 11-3　烽火通信信息安全系统技术架构示意图

3. 数字化协同创新集成研发平台

烽火通信的研发信息系统 FPD 融入软件能力成熟度模型（CMMI）的管理方法和国际标准化组织（ISO）的精髓，建立了支持基于跨部门、跨系统的产品团队运作模式，支持异步开发和成果共享的产品重组，支持跨部门运作的结构化流程，覆盖产品研发的全生命周期；应用工业设计软件、仿真工具、可制造性设计等工艺验证工具，构建 PLM 系统、工艺数字化设计与仿真系统等，打造基于统一模型、数据同源的数字化协同创新集成研发平台；实现产品全生命周期信息化、数字化管理，研发、工艺、计划、采购、制造等多部门、多业务协同。如图 11-4 所示为烽火通信数字化工艺设计框架。

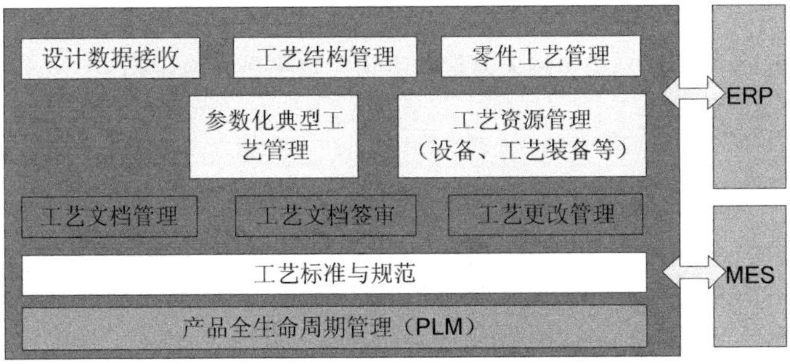

图 11-4 烽火通信数字化工艺设计框架

4. 资源整合的数字化运营管理平台

烽火通信的数字化运营管理平台以 ERP 系统为核心，建立 SRM 系统，实现与供应商的协同与关系管理；在下游客户端建立 B2B 系统，实现与客户的协同及关系管理；在企业内部（研发端）建立 PLM 系统，实现产品 BOM 数据管理，形成供应链上下游和企业内部信息的协同交互。在此基础上，通过 BI 系统的数据分析与挖掘支撑企业决策分析。如图 11-5 所示为烽火通信数字化运营平台技术架构。

5. 个性化敏捷定制的数字化精益制造平台

烽火通信着眼于提升生产效率和产品质量，加强由需求计划→采购计划→采购执行→制造→交付环节的供应链“端到端”管理，在已经实施 / 建立 ERP、MES、APS 等系统的基础上，建立了制造执行环节的数字化精益制造平台。

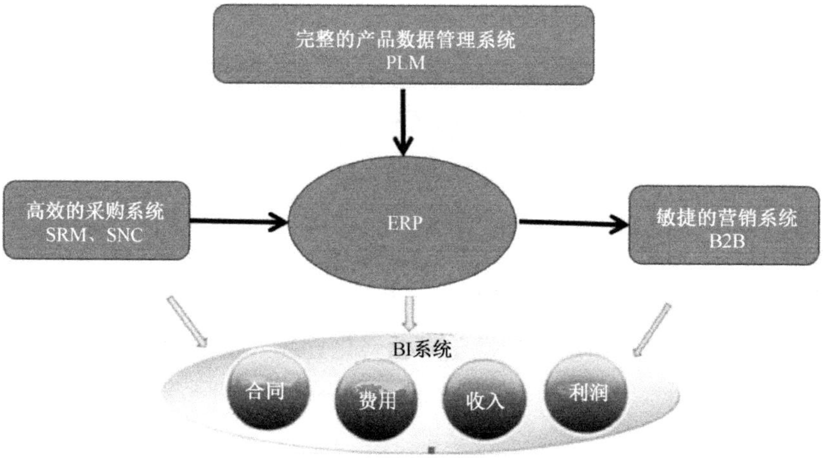

图 11-5　烽火通信数字化运营平台技术架构

（1）数字化工厂规划建模与仿真。

将产品工艺及产能需求、公司实际生产运作情况作为规划约束条件，通过物流关联度与强度分析、产能与面积核算、IE 分析等步骤，形成工厂总体设计三维模型，并用软件进行仿真、测试与修正，最终确定数字化工厂仿真建模方案。

（2）数字化精益制造平台整体技术架构。

通过对生产计划、排程及制造执行的透明化过程管控，搭建了面向多品种、小批量订单的精益生产管理平台，推动生产计划、调度、现场操作等多层次生产业务的及时交互，实现在线协同优化，完成企业、车间、生产线、单元设备等多层级一体化的协同生产管控和全流程闭环动态管理。

（3）生产计划与排程系统（APS）。

针对机盘生产，APS 采用两阶段的生产模式——半成品“按计划生产”和成品“按订单装配”的生产模式相结合，通过双向模式实现基于市场预测且满足生产要求的智能排程。如图 11-6 所示为烽火通信生产计划与排程系统架构。

（4）制造执行系统（MES）。

MES 通过高级排程、物流管理、生产管理、工艺管理、质量管理五个主要业务对生产活动进行信息采集和管理，实现从生产计划的接收到产品交付承运商的全过程信息化管理；通过建立生产档案实现溯源制造；通过加强信息管理实现透明制造；通过提升信息交互实现敏捷制造。

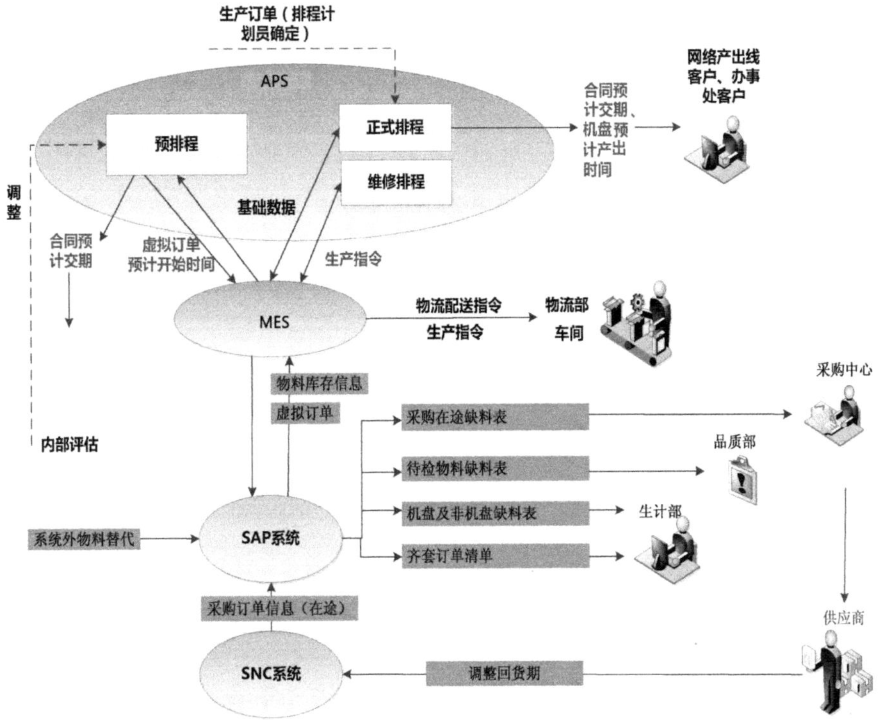

图 11-6　烽火通信生产计划与排程系统架构

（5）质量管控系统（QMS）。

QMS 覆盖来料进货质量、供应商质量、制造过程质量、售后质量等业务内容。通过与 ERP、WMS、MES 集成，实现全流程的质量管控的数字化与智能化。如图 11-7 所示为烽火通信质量管控系统架构。

6. 智能柔性生产线与工艺执行装备

本项目通过关键工艺执行装备智能化，建立智能柔性生产线，从而满足 U 系列产品的定制化生产需求，为产品生产的高效率和高品质提供有效的装备保障。如图 11-8 所示为烽火通信柔性表面贴装生产线示意图。

7. 四项关键工艺短板装备核心技术突破与应用

本项目实现了光适配器保护帽自动拆装机器人、散热器自动涂胶贴装设备、光接收机排针引脚激光焊接机器人及智能 LCR 测量一体化设备四项关键工艺短板装备的技术开发与应用，为生产效率与产品品质提升提供了装备保障，同时掌握了一批关键核心生产技术。

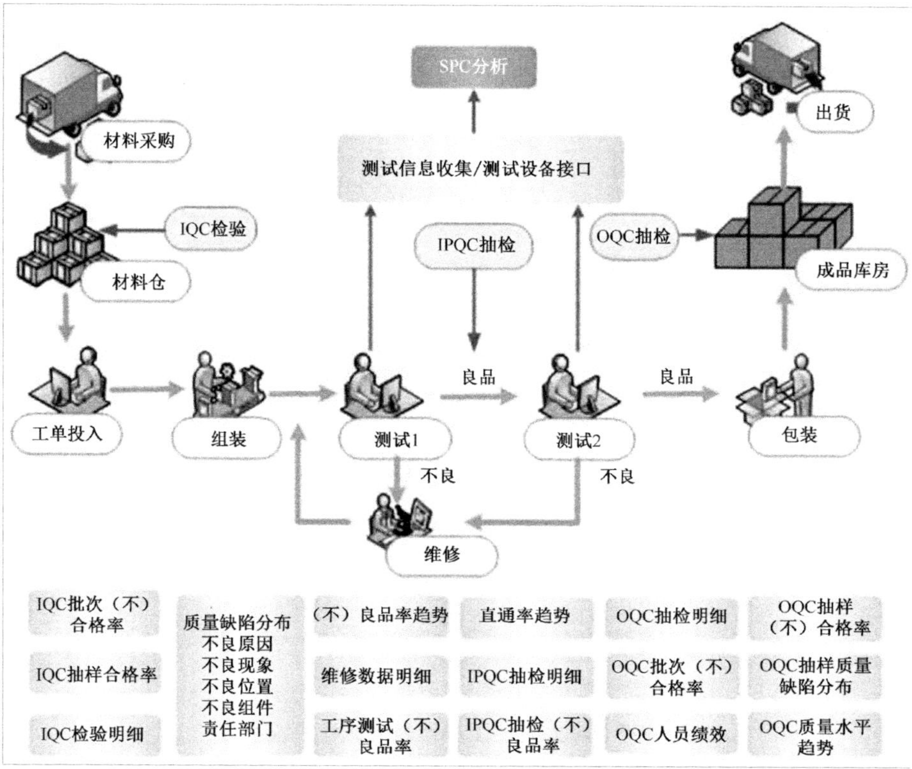

图 11-7 烽火通信质量管控系统架构

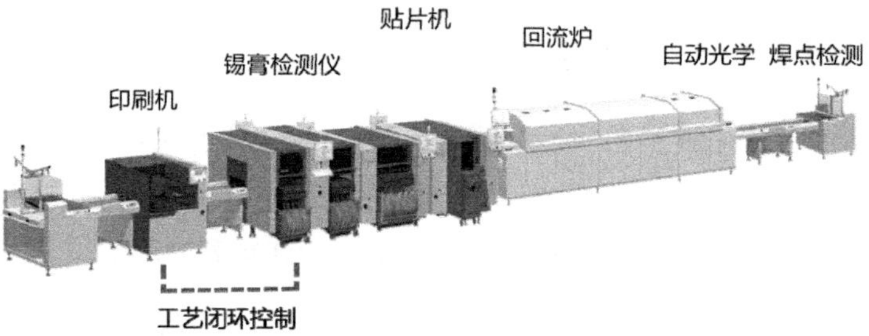

图 11-8 烽火通信柔性表面贴装生产线示意图

8. 智能传感与控制系统

本项目采用智能传感与物联制造技术，对多源异构制造信息数据进行采集与集成，实现对制造资源、生产过程、现场环境的智能化识别、定位、跟踪、分析、监控和管理，实现对生产全过程实时监控，满足生产计划与制造执行、设备管理、物流控制等业务领域的统一计划、调度与监控，以及环境自适应系统与电力自动监控系统的应用。

9. 敏捷供应链管理及智能化物料执行装备

本项目的生产物流与仓储环节的智能化水平得到提升，仓储管理系统（WMS）、智能物料仓等物料管理智能装备、敏捷物流配送执行成套装备三大模块实现应用。

WMS 的核心功能模块（见图 11-9）包含基础设置、业务规则、业务管理、决策管理四个模块。数百个功能模组覆盖了仓储管理的完整业务需求，形成了自上而下的从业务层、执行层到现场层的调度和控制信息流，以及从现场层到业务层、执行层的状态监控和数据采集信息流，完成物流资源的闭环、高效管理。

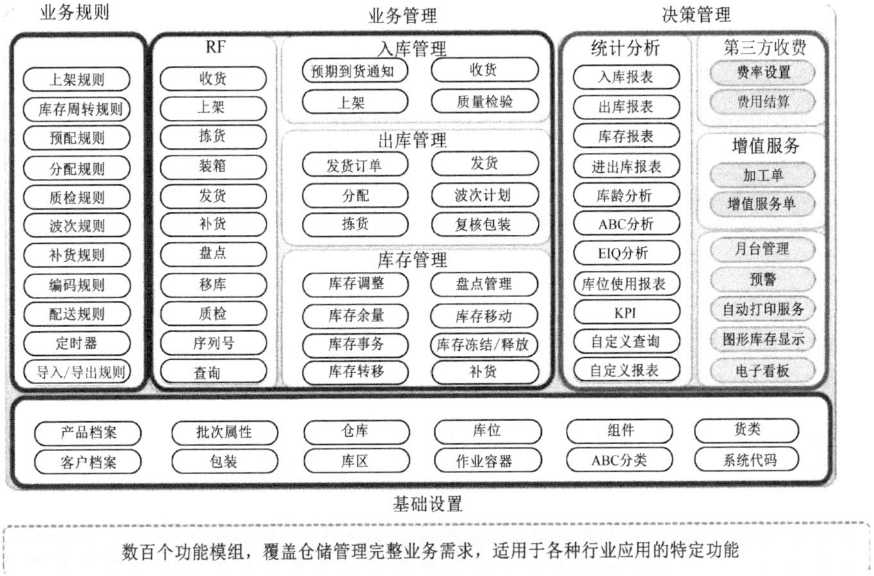

图 11-9　烽火通信 WMS 核心功能模块

管理智能装备投入实际应用，如智能料仓、物料批量筛码列印装备、列印贴标装备、自动上下料 X-ray 点料一体化设备、贴片机抛料分析、波峰焊治具智能管理系统、敏捷物流配送成套装备等。

10. 智能化质量检测终端

本项目实施部署光模块自动化测试平台、质量检测云平台（云仪表系统）、首件检测系统装备、统计过程控制、环境适应性测试装备（盐雾试验箱、高低温循环）、基于工业视觉的自动检测系统等智能质量检测装备/系统，实现与其他业务系统的集成，提升质量检测效率与资源利用率，保证产品品质检验的一致性。如图 11-10 所示为烽火通信云测试系统连线示意图。

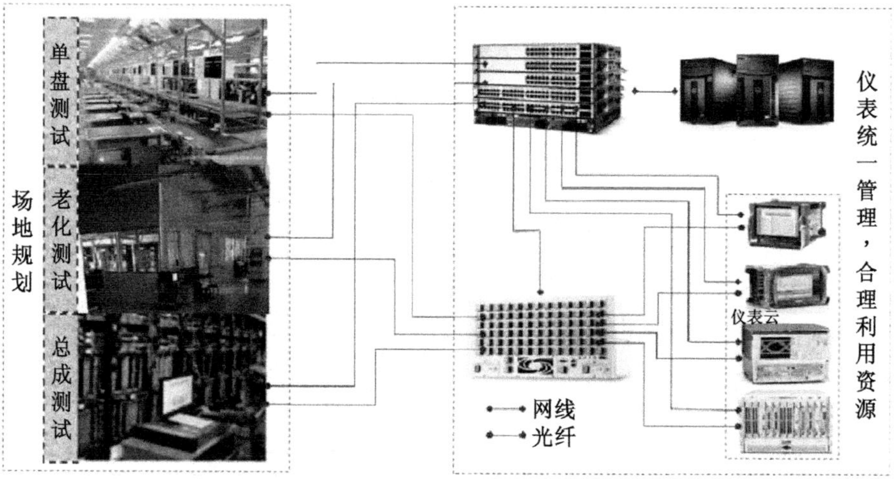

图 11-10 烽火通信云测试系统连线示意图

11. 质量大数据分析与生产指挥中心透明化

（1）质量大数据分析。

基于大数据的企业产品质量管理过程，在生产过程中搜集海量的广义质量数据，从数据生命周期的角度，通过优化改进的方式构建基于大数据的通信设备企业质量管理过程。同时，运用统计的分析方式，实时发现异常的现象并加以处理，以降低生产损失，在错误未发生之前，实时发现并改善，避免造成生产的重大损失。

（2）生产指挥调度中心总体架构如图 11-11 所示。

通过生产指挥调度中心的应用实施，实时监控生产车间人员、设备、物料等制造资源的运行情况，并通过数据集成工具与其他系统集成，汇集来自 MES、SCADA、ERP、WMS、QMS 等系统的生产数据、现场实时数据和分析数据，汇集抽取出关键生产绩效数据，通过监控大屏、看板等途径进行图形化展示，形成基于车间现场实时状态信息和可视化监控、智能化协同交互决策的新型业务管理模式。

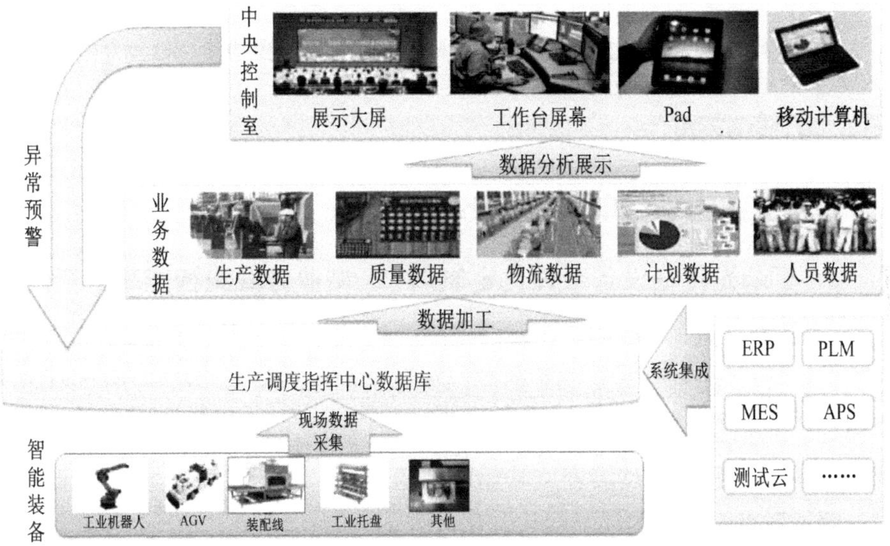

图 11-11　烽火通信生产指挥调度中心总体架构

12. 支持企业服务型制造的智能化运维应用总体技术架构（见图 11-12）

在烽火通信产品售后服务体系的基础上，建立面向智能服务型制造的管理系统，利用移动互联网、知识库、云服务、大数据分析等技术与手段，对产品故障、履历、检修计划、质检策划及物料等进行精细化管理，提高客户维护 / 检修服务质量、保障设备运行安全、降低维护服务成本，为产品设计和工艺技术的改进提供运维数据支持。

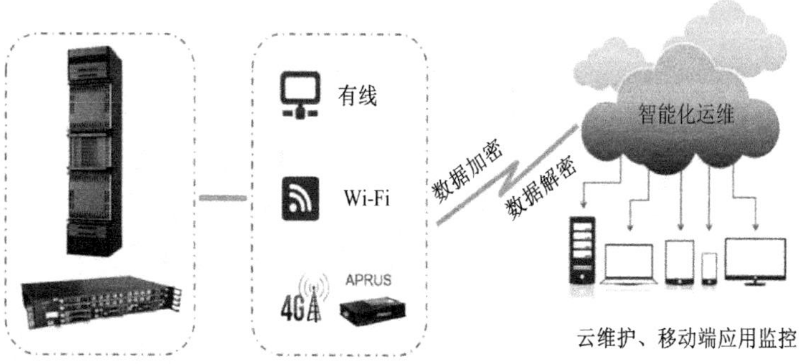

图 11-12　烽火通信支持企业服务型制造的智能化运维应用总体技术架构

三、实施成效

（一）实施项目取得的成效

1. 复杂光传输设备个性化定制的 Y 型业务混流智能制造新模式探索与定型

烽火通信 U 系列产品的生产与运作采用创新的 Y 型业务模型及智能工厂模型，包括整体规划、业务逻辑规划、功能应用规划、系统集成规划、智能化应用部署，以及实施方法论的完善定型，经历了“探索—论证—建设—评估”点面结合的反复迭代优化过程。

2. 研制一批关键工序的智慧工艺执行终端与智能制造装备

本项目产品具有高密度、大尺寸、密间距的结构特征，根据工艺、质量、物料管控的业务需求，研制应用了一批保质提效的智慧工艺执行终端、满足质量可靠与一致性要求的数字化检测装备（云仪表、AOI、LCR 等），以及满足物料保质期、防呆、敏捷供应的智能物料执行装备（如 Chip/IC 智能料仓、筛码贴标机器人、物料分卷专机等）。

3. 通过解决装备之间的 M2M 交互集成及线与线之间的线际集成来提升柔性生产能力

本项目的智能核心装备包括表面组装技术生产线、组装生产线，以及若干工业机器人或工艺专机、智能传感设备、智能检测设备、智能物流装备及智能控制设备等。通过工业网络互联，运用智能互联实现架构的柔性、可扩展和可迭代。通过 APS/MES 的精益排产和敏捷调度、M2M 交互集成与线际集成智能制造新模式，解决产品的柔性混流生产问题，实现不同规格 / 型号的产品在生产线、检测、物流等方面的快速换型生产和敏捷响应。

4. 建设具有高效协同作业能力的智慧物流系统与智能物料执行装备

本项目通过对全厂仓储物流进行整体规划，建立合理布局的信息采集与网络，健全智能管理调度机制，实现物料配送的信息流和实物流的同步，通过满足电子物料（SMD、PCB）对存储方式要求苛刻（如湿敏元件）、防止过保质期、防呆的要求，在物料流转过程中解决反复校核的问题（从中心大仓到上线需要 6 次校核），从而保证物料供应的敏捷性。

5. 建立生产过程实时数据采集系统与可视化管理系统

本项目合理规划各车间的数据采集系统，建立高效快速的工业互联网络，以及基于大数据分析的可视化管理系统。生产过程的实时数据采集为智能决策平台提供最重要的基础信息，实现了快速响应和实时管理调度的可视化管理，解决了生产过程数据庞大、采集点繁多、网络通信、数据存储等问题。

（二）项目实施对行业的影响和带动作用

1. 烽火通信作为核心企业带动整个供应链升级提速

烽火通信将在本项目的支持下，逐步实现制造规模从 150 亿元向 400 亿元的跨越，其产业链也将随之发展壮大。同时，烽火通信在构建智能制造模式的同时，其管理运营、先进制造模式也延伸至整个供应链体系，从而促进整个供应链体系的绩效倍增、转型升级。

2. 对“武汉 · 中国光谷”光电子产业链的示范与带动作用

通过本项目的应用示范，能够有效带动区域内光电子产业壮大综合经济实力、综合科技实力、综合竞争力的“二次创业”，促进光电子产业生产、研发、产品展示、企业孵化及转化、光电和电子器件配套服务、专业人才培训等产业链资源聚合，为“武汉·中国光谷”注入新的发展动力。

3. 对光通信产业乃至整个电子制造行业的影响与推广

作为行业龙头企业之一，烽火通信的智能制造模式必将对通信行业开展智能制造提供一个具有公信力的范本。同时，烽火通信所采取的智能制造相关的共性技术，以及面向特殊工艺要求的智能工艺执行终端等内容，将为电子制造行业的应用需求提供解决途径。

4. 提升国产化的智能制造装备与软件在产业链中的竞争力

本项目大量采用国产智能制造核心装备及工业软件系统，并在烽火通信开展首台（套）应用示范，必将提升国产智能装备的品牌知名度、市场公信力和核心竞争力，带动更多的电子制造企业应用国产核心装备与软件，提高智能装备与软件供应商的营收能力。

四、实施经验

（1）产品设计的可制造性。智能工厂的基础是产品设计要满足自动化、智能化生产装备的需求，在设计阶段要考虑元器件选型的标准化、归一化，减少人工装配，适合自动化设备进行处理。同时，在工艺设计方面，需要考虑产品数据采集、定位、装夹与周转的需求，并建立有关的企业内部标准。

（2）物理世界的数字化。实现智能工厂的首要工作是建设数字化工厂，实现物理世界的数字化也就是将工厂的各生产要素在数字世界中呈现。这个过程并不是简单地照搬现有业务模式，而是需要按照精益生产的理念进行流程优化之后再进行数字化。

（3）自动化流动。自动化流动的对象不仅有生产加工的物料、产品等实物，还包括驱动生产的生产指令、工艺指令、品质数据等信息；只有消除了实物流、信息流的孤岛与断点，实现了各个生产工序的连接、信息系统的集成，才能实现业务全自动化流转，确保流动的高效、畅通和共享。

（潘前锋、欧锴　供稿）

12

自助终端远程运维服务试点示范

——湖南长城信息金融设备有限责任公司

一、项目实施背景与状况

（一）项目实施背景

自助终端在金融、零售、政务、电信、电力、医疗、民航、税务、城市信息化等多个行业和领域大规模应用，其普及极大地提高了相关行业的服务效率和服务质量，但大量自助终端的使用也带来了维护和管理上的挑战。如图 12-1 所示为自助终端传统运维挑战。

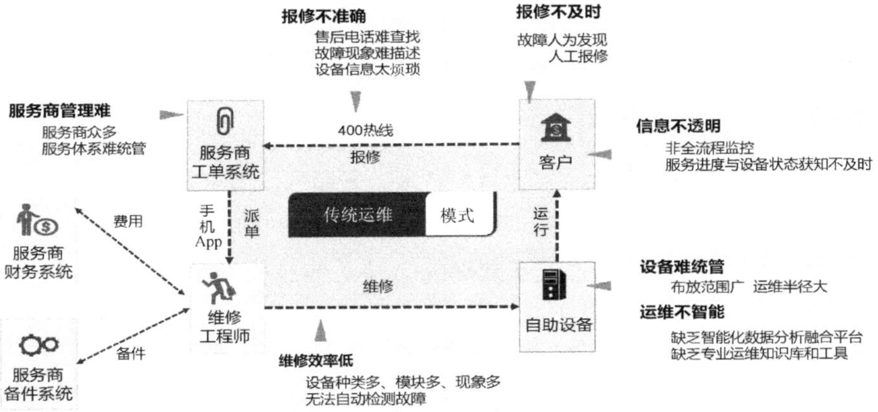

图 12-1　自助终端传统运维挑战

（1）传统的自助终端运维方式多数是被动请求式响应，反应速度慢，维修效率低。

（2）自助终端一旦出现故障，报修往往不准确、不及时；自助终端使用效率低，一旦长时间停止服务将直接影响客户体验。

（3）自助终端布放范围广，运行环境复杂，运维成本高，难以实现有效的集中管控。

（4）自助终端型号多、数量多，不能做到精准维修服务，运维不智能。

（5）自助终端的服务厂家众多，难以建立及时的面向全国的服务体系，服务商管理难，服务信息不透明。

（6）自助终端通常以离行、在行形式广泛部署在银行网点、企业、社区、商场等场所，提供的自助服务渗透到多种行业，信息安全事件频发，且伴随着自助设备数量的快速增长，自助终端安全管理问题成为多方关注的焦点。

自助终端运行的外在环境、维护管理的特点决定了自助终端管理迫切需要建立更完善、更全面的安全运维管理体系，从而帮助银行和相关行业提高自助终端运维效率，降低运维成本，简化设备运维。

（二）项目实施的主要思路和目标

湖南长城信息金融设备有限责任公司（下文简称长城金融）深耕金融行业近 40 年，作为国内知名金融信息技术解决方案、金融电子设备提供商和智能网点整体方案提供商，凭借金融设备研发、生产、销售和服务等优势，全方位打造自助终端远程运维管理综合解决方案，为行业信息化发展注入新的动能。

自助终端远程运维服务项目利用先进的运维理念，将设备运维管理、服务运维、移动互联技术、工业 4.0 技术、云服务、信息安全、物联网、智能识别等技术有机结合起来，为自助渠道建立统一的智能远程运维服务平台，将分布在多个系统的、不准确的、缺乏信息校准手段的信息集中起来，将信息孤岛变为信息闭环，并增加标准化的专家诊断、处理建议，为设备提供统一集中管理、移动运维、精准维修、版本精确控制等服务。这是对现有运维管理模式的一种创新，能有效地解决自助渠道中存在的自助终端使用效率低、使用体验差、维护成本高、安全隐患多、设备管控难等问题。本项目分三个阶段实施。

（1）第一阶段为自助终端监控系统建设，将在各大银行成熟应用，实现“以服务为中心，资源统一管理，设备运维工作同步进行”，提供面向银行的业务应用、面向银行系统的数据集中、面向设备的运维保障、面向自助化服务的综合管理。

（2）第二阶段为智能运维中心建设，实现工单全过程电子化，实时掌握服务进度，并对服务过程进行全程跟踪，提高设备开机率、运维效率；以客户为中心，提供横向、纵向和“端对端”多种运维服务模式，满足不同客户的运维需求。

（3）第三阶段为行业云运维中心建设，实现将传统制造向智能服务技术转型，推动企业创新和数字化转型，通过人工智能、物联网、大数据、云服务等促进智能感知、智能分析、智能诊断服务升级，将云运维按需获取资源的便利和经验积极分享给更多的企业。

二、项目主要实施内容

（一）项目实施的主要内容

本项目围绕设备运维管理和设备服务运维管理，从用户、设备、流程、技术几个方面入手，提供面向行业的业务应用、自助终端的运维保障及自助服务的综合管理解决方案；利用自主可控方案和密码算法实现传输数据的完整性、保密性和可用性，建立长城金融的智能制造管理体系（见图12-2）。

（1）基于物联网和移动互联技术，自动监测设备运行状态信息，提取设备异常，实施报障自动发起、工单派发、智能诊断分析建议、故障处理和用户评价的全闭环管理，支持离线、在线管控设备及移动运维服务，实现设备全生命周期服务管理。

（2）采用业务数据自动化、设备监控系统化、运维服务标准化等设计思想，实现远程开关机、远程截屏、远程提取日志、远程参数配置等远程控制；设计版本链表、软件组件独立升级、真实程序版本号校验、组策略等版本分发算法和机制，实现终端设备软件自动分发和精细化管控。

（3）建立故障智能诊断与自恢复模型，通过故障诊断系统智能感知设备状态，结合专家库和专家咨询系统实现故障预测、预测性维护、主动干预和精准维修。

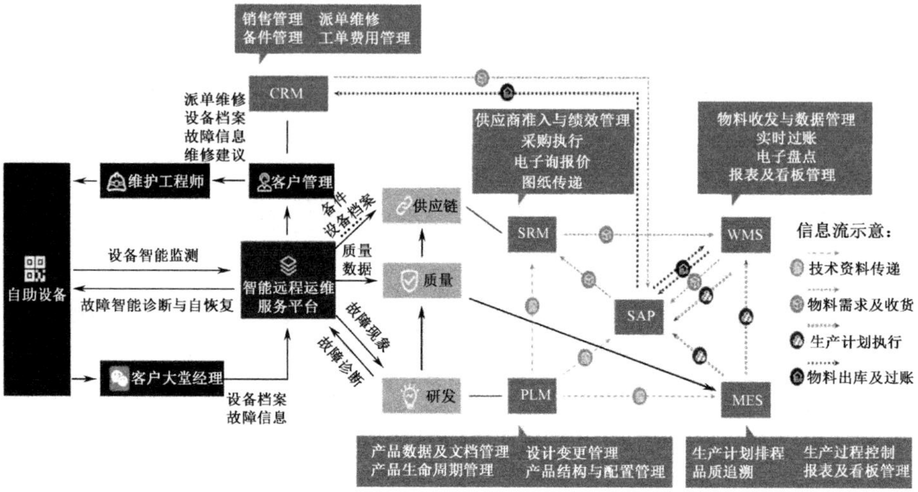

图 12-2　长城金融智能制造管理体系

（4）集成 CRM、PLM、ERP、MES 和版本管理系统等，实现信息共享和设备互联，同时让设备信息和故障数据更加集中化、完整化和精准化。

（5）自动化采集多渠道数据，利用大数据分析和数据挖掘等技术，实现智能决策分析，制定主动维护策略，为提升产品质量提供数据支撑。

（6）在人员、运行和技术方面，实施全方位安全保障体制。采用人工智能技术实现人脸识别和人证比对，解决运维人员和操作人员身份认证等安全难题。

（二）项目采取的主要措施

本项目整合行业经验和国内外先进运维理念，以设备资产全生命周期管理和工单全流程管理为基础，建立远程运维服务体系，创新“设备运维+服务运维”业务模式，实现设备资产管理全流程、服务流程管理全闭环、设备经营数字化。

1. 资产管理全流程

设备信息和故障数据集中化、完整化和精准化，为每一台设备分配唯一“ID”，并贯穿设备始终；在采购、到货、入库、出库、转移、维修、停机、报废等方面，建立设备资产管理价值链。

统一监控跨厂商、跨系统设备，报修模式按设备类型灵活选择，主要围绕设备状态、远程控制、故障管理等方面，借鉴国内外成熟 IT 运维服务标准，适应客户业务发展及管理需求，实现设备远程运维管理。

2. 服务管理全闭环

采用业务数据自动化、设备监控系统化、运维服务标准化等设计思想，为自助终端故障报修和工单状态跟踪提供多种模式，简化运维；通过工单新建、工单审核、工单处理、获取维修建议、工单完成、工单评价等，实现工单全流程管控，建立银行和服务商沟通机制，为考核服务商服务质量提供数据支撑。

3. 设备经营数字化

多视角、全面、准确地采集自助终端业务数据，通过电子化管理，实现业务数据可追溯，提高设备经济效益。

三、实施成效

（1）建设自助终端远程运维服务平台，实现自助终端互联中心系统及互联机制，打通设备信息和故障数据在自助设备、服务工程师、服务运维中心、研发、质量、供应链之间的信息闭环，为客服高效便捷地提高服务效率、降低服务成本提供支持工具；通过在线维护减少现场维护次数，从而降低维修成本；通过远程故障诊断，初步定位故障原因，从而提高服务效率；与 MES、WMS、SRM、PLM 等信息化系统集成，提高生产效率。

（2）自助终端远程运维服务以客户为中心，并根据行业实践经验建立了多种运维服务模式，在行业中得到了广泛应用。本项目通过中心系统对接模式，实现了与中国工商银行总行级工单系统 OME 对接，实现了工单数据和流程在银行与服务厂商之间的自动流转对接。工单全过程电子化，可实时掌握服务进度，并可对服务过程进行全程跟踪，系统功能已在全国范围内上线推广，提高了设备开机率和运维效率，降低了运维管理成本。

（3）推动自主可控应用生态建设。长城金融利用集团公司良好的土壤，率先孕育出支持国产自主可控的智能运维服务解决方案，促进自助终端行业服务向规范化、自主可控方向发展。

（4）提升行业智能服务水平。项目充分利用公司行业背景，积极拓展金融和非金融行业自助终端智能运维建设，推广应用于各行业自助终端，通过业务一站化、自助化、便捷化提升行业的智能化服务水平。

四、实施经验

（1）以智能化方案和应用实践加速行业智能化转型。作为国内知名的智能化网点整体解决方案提供商和 VTM 系统平台整体解决方案提供商，长城金融不断扩大智能化内涵和外延，形成完整的“硬件+软件+服务”的解决方案，盘活下游客户运维服务市场，并通过智能化远程运维应用实践，形成行业可参考的标杆，加速行业智能化转型。

（2）积极推进国产化，提升行业自主安全可控水平。长城金融所属集团公司——中国长城科技集团股份有限公司是中国电子网络安全与信息化的专业子集团，正在全力推进基于飞腾芯片和麒麟操作系统的自主可控生态建设。

（3）以可定制化运维模式实现跨行业应用推广。长城金融以客户为中心，为客户提供可定制化的多种运维模式，提升自助终端运维服务水平，实现跨行业应用推广。除金融行业外，本项目还可以应用于医疗、交通、零售、电信、电力、民航、税务、城市信息化等多个行业和领域，潜在用户包括以上行业的设备运营商及终端制造商，具有较高的可复制性和示范价值。

（4）运用云运维服务模式，提供云服务和业务转型。通过私有云和公有云相结合的方式，为客户提供按需运维 SaaS 服务，为第三方提供云服务系统；利用公有云平台，通过大数据、云计算、物联网等技术进行智能感知、智能分析、智能诊断服务升级，从传统制造向智能服务技术转型，推动了企业创新和数字化转型。

（谭敬军、王小玲　供稿）

13

智能驾驶辅助系统智能制造试点示范

——惠州市德赛西威汽车电子股份有限公司

一、项目实施背景与状况

（一）项目实施背景

制造强国战略明确指出“支持电动汽车发展，掌握汽车信息化、智能化核心技术，提升驱动电机、智能控制等核心技术的工程化和产业化能力，形成从关键零部件到整车的完整工业体系和创新体系，推动自主品牌节能与新能源汽车同国际先进水平接轨”。在传统汽车领域，底盘、发动机、变速箱是“老三样”，其核心技术大多掌握在国际汽车巨头手中，他们的技术垄断壁垒森严，制约了我国汽车制造业对核心技术的突破。中国的节能与新能源汽车与传统燃油汽车相比，与世界先进水平差距不大，可以通过自主创新不断提升产品质量，实现换道超车，特别在汽车的信息化和智能化方面大有可为。以“智能驾驶辅助系统”为代表的汽车电子技术成为新能源汽车赶超世界先进水平的核心技术之一。

基于智能驾驶辅助系统技术先进、产品集成化程度高、客户个性化需求多、开发周期短的特点，惠州市德赛西威汽车电子股份有限公司（以下简称德赛西威）积极应对，实现企业快速升级转型，通过建立与客户在不同物理地点协同的设计体系，构建全新的制造模式，精益供应链，实现德赛西威智能制造，促进行业的技术进步，助力中国由汽车大国向汽车强国高质量发展。

（二）项目实施的主要思路和目标

德赛西威作为本土汽车电子龙头企业，在人才、技术、资金等方面有了长期积累，为了更具竞争力，德赛西威从产品设计、制造、服务环节进行流程再造，搭配核心技术装备的创新应用，通过总体规划、分步实施，实现“产品+服务”的智能驾驶辅助系统智能制造应用新模式。第一步，运用达到 80%以上的国产智能装备搭建智能工厂；第二步，打造工业互联的智能工厂；第三步，构建“产品+服务”的制造新模式。

本项目整体实现生产效率提高 33.9%以上，运营成本降低 22.3%以上，产品升级周期缩短 31.6%以上，不良品率降低 45.9%以上。同时，取得专利、软件著作权、标准（技术规范）合计超过 14 项。通过打造一个自动化、信息化、数字化的智能工厂，全面实现智能化制造，为德赛西威成为世界新能源汽车电子智能制造领先企业打下坚实基础，为行业智能制造树立示范带头作用。

二、项目主要实施内容

（一）项目实施的主要内容

本项目立足于汽车电子行业，着眼于智能驾驶辅助系统，建设研发设计体系、生产制造体系、质量管理体系、物流仓储体系、营销服务全生命周期协同运营体系，重点形成汽车电子行业智能驾驶辅助系统的智能制造应用新模式，为传统的汽车电子生产工厂提供智能制造的最佳实践，主要实施内容如下。

（1）通过关键生产装备引进及升级改造，实现智能驾驶辅助汽车电子产品生产自动化。

（2）通过敏捷设计、异地同步设计、虚拟与现实技术结合、产业全功能工艺布局、大数据收集和分析、精益供应链协同等手段，建立覆盖装备、物料、产品、人员、工控、信息系统的工厂物联网。

（3）构建智能驾驶辅助系统全生命周期管理（PLM）、制造执行系统（MES）、企业资源计划（ERP）、智能物流管理系统（iWMS）、全面质量管理系统（QMS）等，实现各系统之间的数据集成。

（4）构建网络协同制造平台，实现设计、制造、供应链和服务的协同。

（5）构建远程运维服务平台，实现车载智能终端在线信息更新、安全网关控制、在线软件升级、用户功能个性化定制、面向智能驾驶的大数据收集与分析、产品故障在线诊断与维护等服务。

（6）探索形成智能驾驶辅助系统智能制造新模式，打造行业和区域智能制造标杆工程，显著提升汽车电子行业整体竞争能力。

（二）项目采取的主要措施

1. 重点突破智能驾驶辅助系统的生产关键短板装备，实现关键环节设备自主、安全、可控

本项目建设智能驾驶辅助显示模组专用贴合设备、高清车载摄像头、车载雷达等智能辅助驾驶产品的柔性生产线。

（1）智能驾驶辅助显示模组自动化应用。智能驾驶辅助显示模组属于高精密度的产品，显示屏的组装对环境洁净度及组装精度都有较高要求，且大部分工序为人工安装的，不良品率高。该项目实现偏光片贴片工艺、COG工艺、FOG工艺生产装备的自动化、国产化。

（2）高清车载摄像头自动化应用。该项目实现LENS点胶及装配、PCB烧录和预拧紧、调偏心、调焦距装备的自动化、国产化。如图13-1所示为德赛西威高清车载摄像头生产装备示意图。

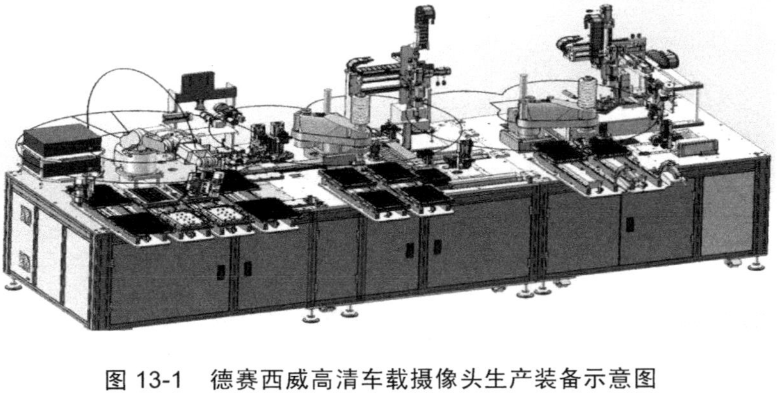

图13-1　德赛西威高清车载摄像头生产装备示意图

（3）毫米波雷达装配线自动化应用。该项目实现了业内首创兼容 24GHz 和 77GHz 的毫米波雷达测试，同时实现了 Press-fit 工位、Board-to-Board 装配工位、自动涂密封胶工位、测试工位装备的自动化、国产化。如图 13-2 所示为德赛西威毫米波雷达生产装备示意图。

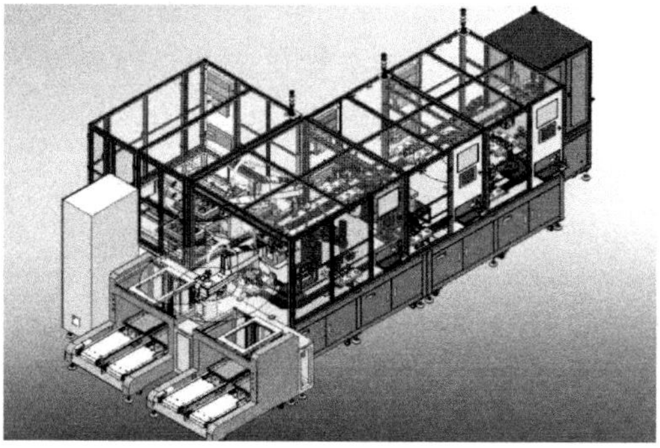

图 13-2 德赛西威毫米波雷达生产装备示意图

2. 搭建智能驾驶辅助汽车电子产品新的生产模式

本项目对现有表面组装技术、组装、测试、包装、智能物流等生产装备进行自动化和智能化升级改造，依托于智能机器人装备、机器视觉装备、智能传感（数据采集、RFID 应用）和运动计算控制系统的先进应用。

（1）车载挡位显示自动应用。采用智能传感检测部件，对产品装配过程的关键参数如产品后盖高度、打螺丝力矩及高度等进行实时监控，保障产品的可靠性并实时上传数据库，使系统实现自动判断。如图 13-3 所示为德赛西威车载挡位显示自动装配生产线示意图。

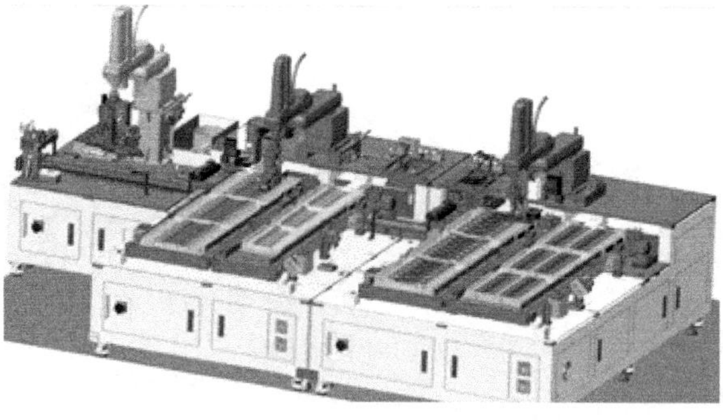

图 13-3 德赛西威车载挡位显示自动装配生产线示意图

（2）转向助力系统自动化应用。车载转向电子助力系统是车身安全的重要部件，还是关乎驾驶人员安全的重要部件，在其生产工艺流程中具有非常严格的生产要求，对其质量具有较高的管控要求。本项目采用智能六轴机器人实现切板上下料、PCB 测试、PCB 涂覆及点胶、PCB 与前后盖组件组装自动化。如图 13-4 所示为德赛西威转向助力系统生产线机器人。

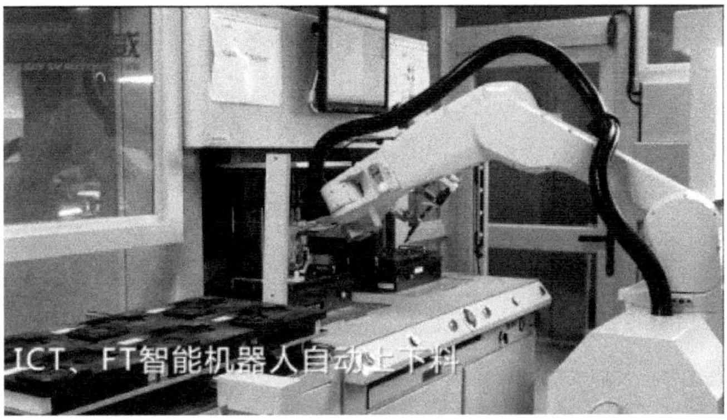

图 13-4　德赛西威转向助力系统生产线机器人

（3）车载仪表自动化应用。仪表是车载信息显示的主要终端，仪表的发动机转速、车速的显示是关系车辆状态信息及车身安全的重要模块，仪表的可靠性关乎车辆安全。本项目通过自动化手段实现仪表测试站与六轴智能机器人协同生产作业。如图 13-5 所示为德赛西威车载仪表自动化生产线示意图。

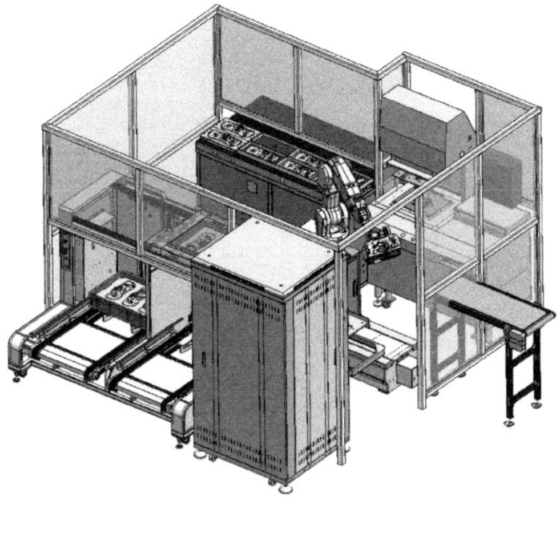

图 13-5　德赛西威车载仪表自动化生产线示意图

3. 建设生产过程数据采集与分析系统，实现生产过程电子化、可视化、数字化管理

本项目通过统一的工业以太网网络，将车间现场独立的或者局部联网的控制设备连入工业以太网，实现对设备的统一管理、数据交互。同时，规范数据互连接口，对车间设备划分种类，对设备类型定义符合工厂实际的数据互连接口，要求其供应商按照标准化接口以实现数据互连，便于未来扩展与管理。

4. 搭建工厂内外部通信网络架构

本项目采用当下最新的网络技术，持续升级改造工厂网络架构，构建安全可靠的制造工厂网络体系。

（1）研发区域的网络升级改造。在进行研发区域的网络升级改造过程中，把研发区域内所有的设备都汇聚到研发区域的核心，以便于后期的网络隔离。

（2）内网网络部署下一代防火墙（NGFW），实现内网间的流量隔离和防护。

（3）生产、研发和办公区域的网络隔离。通过部署防火墙或安全网关以隔离三个区域间的流量互访。对于特殊应用流，在评估安全的情况下，审批通过后才能在防火墙或安全网关下进行流量放通。如图 13-6 所示为德赛西威网络隔离示意图。

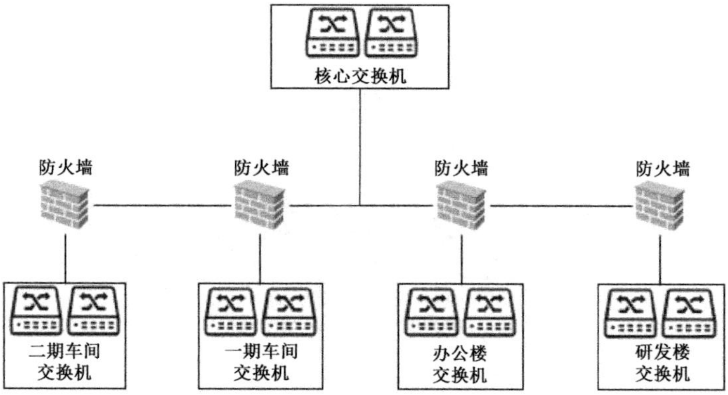

图 13-6　德赛西威网络隔离示意图

（4）部署流量监控系统。针对生产制造终端的所有流量进行监测，如发现病毒或异常流量，会立即发出告警邮件，并通过告警邮件对异常终端进行快速断网处理，以便终止异常终端对生产制造的网络造成业务影响。

（5）公司网络核心交换机升级改造。将公司网络的核心交换机升级成支持虚拟化数据中心（VDC）技术的交换机。

（6）服务器的集中管控和统一安全防护。

5. 搭建信息化管理平台

本项目搭建 MES、iWMS、QMS、ERP 等信息化管理平台，实现系统的高效融合、高效协同与数据集成，达到生产管控、防错管理、信息追溯、数据采集、物料管理、仓储等高效管理。如图 13-7 所示为德赛西威信息化系统关联图。

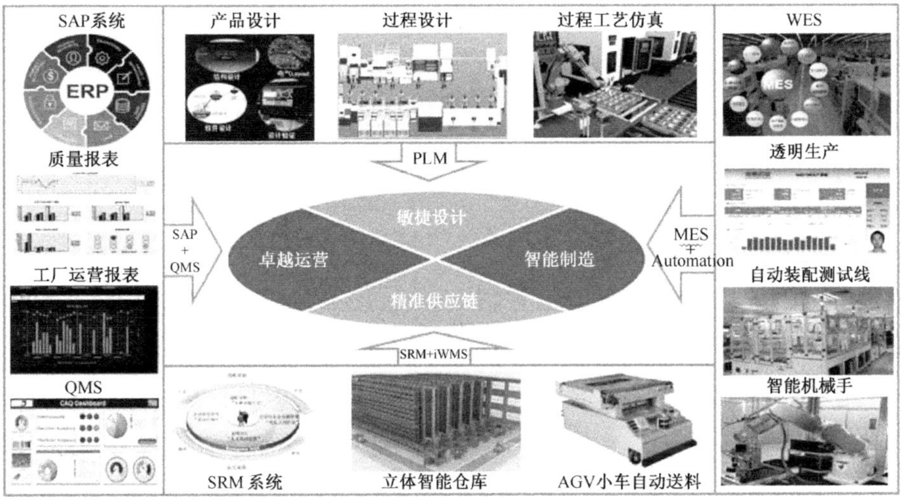

图 13-7　德赛西威信息化系统关联图

6. 基于 PLM 进行研发设计智能化平台建设，实现产品研发设计、工艺数据的集成管理

本项目建立产品数据管理（PDM）系统，实现产品研发设计、工艺数据的集成管理；应用 CAD/CAE 等三维仿真软件系统进行智能驾驶辅助系统的产品结构设计及其电子线路的工艺设计；以贯穿产品全生命周期管理的 PLM 平台为基础，结合设计仿真、工艺仿真等软件，以虚拟仿真方式对装配工艺方案进行设计和评估，实现设计的工艺仿真验证、人机工程学仿真验证、工厂物流仿真验证等，并通过物理检测与实验进行验证与优化，实现规划、生产、运营全流程数字化管理。如图 13-8 所示为德赛西威 PLM 系统规划图。

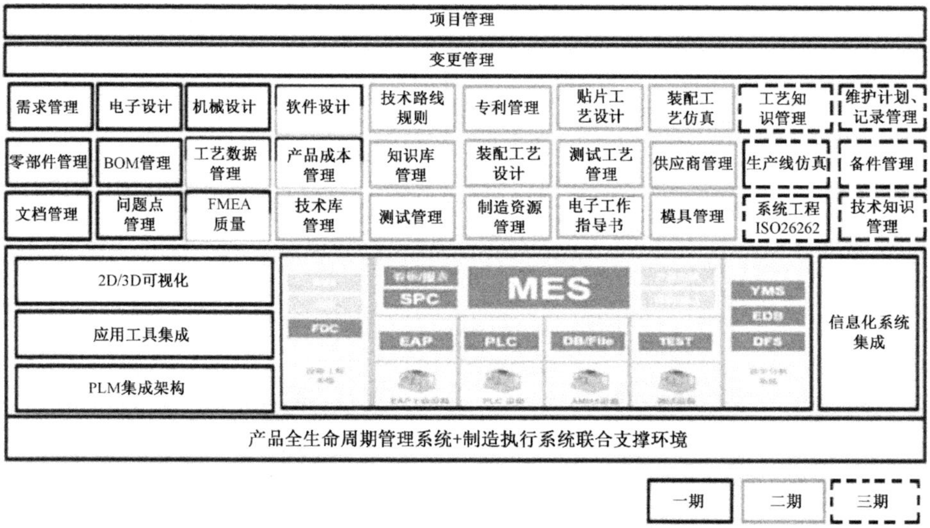

图 13-8　德赛西威 PLM 系统规划图

7. 构建网络化协同制造平台，使企业与客户、企业内部、企业与供应商之间突破传统的设计及工作模式

（1）构建客户协同平台。客户在系统中提出修改要求，避免了周期时间和资源的浪费，使企业方便与客户就产品设计的可行性和改善方向进行高效沟通。

（2）构建设计协同平台。PLM 系统的机电一体化功能，将结构、电路和软件都集成在单一的环境中，保证设计工作始终基于正确的数据，实现跨学科的多专业协同，并有效支持设计变更的影响分析，增加仿真实验与真实实验协同。

（3）构建制造协同平台。装配工艺设计可以直接使用 PLM 平台的数据、图纸、三维 CAD 模型、图片、电子数据表、Word 文档等，可以与具体的工艺操作关联，为车间提供完整的工艺过程描述。

（4）构建供应链协同平台。供应关系管理（SRM）系统使企业与供应商之间的沟通与协同流程化、透明化，以电子的形式进行存储和交流，建立快速沟通机制，企业能够提高采购的效率及供应商的物料供给效率，提高供货的准确度，节约采购交易成本，增强对供应商的管控，降低采购风险。供应商也可以从中了解与自己相关的其他信息。

8. 构建远程运维服务平台，提高服务响应速度

本项目使原来独立的售前服务、售中服务、售后服务做到信息对接，在新组建的终端用户呼叫中心的基础上，增加远程服务和远程内容投送的功能，使呼叫中心由被动接听电话反馈信息，向主动寻找客户、服务客户转变，形成商业客户服务中心的客户和产品数据库，最终实现对终端用户的远程支持。如图 13-9 所示为德赛西威远程运维服务模型。

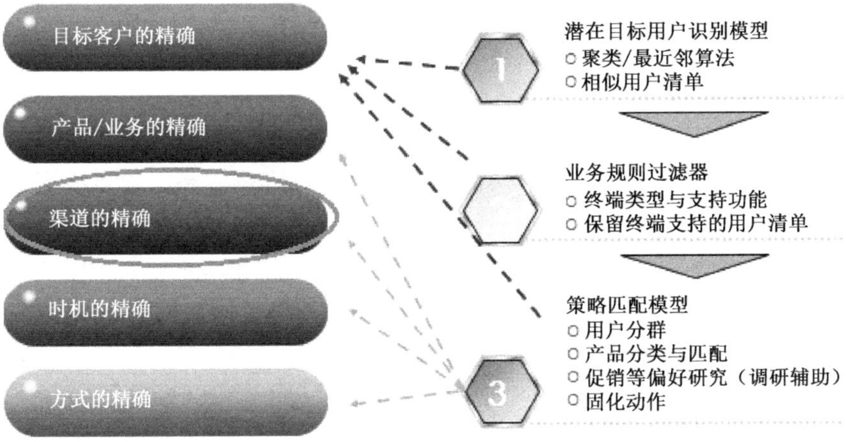

图 13-9 德赛西威远程运维服务模型

9. 构建信息安全防护体系

本项目建立和执行产品全生命周期管理流程；成立渗透测试团队和应急响应团队，通过模拟恶意黑客的攻击方法，评估计算机网络系统安全；针对数据安全，采取数据防泄漏（DLP）方案，强制对计算机生成的文档图纸、源码、Office 文档等数据自动透明加密；针对网络安全，采用独立网络设备组网等措施，在物理层上实现与对外服务区网络及互联网的安全隔离；针对物理安全，根据设备部署安装位置的不同，选择相应的保护措施，同时做好安全监控、审计。

10. 构建高级智能驾驶辅助系统

本项目基于机器视觉、雷达、惯性传感器的互补融合，面向无人驾驶的车辆导航与定位、无人驾驶的规划决策等技术，构建高级智能驾驶辅助系统，形成自主知识产权。

三、实施成效

（1）采用国产设备实现关键工艺的自主开发。研制自动全贴合、自动异型插件、自动打螺丝、自动涂覆、自动点胶、自动焊接、自动摄像头图像识别测试、自动射频测试等装备，实现核心技术装备国产化，使生产效率提高了 68%。

（2）搭建车载挡位显示、转向助力系统、车载仪表、车载空调、智能物流等的自动化生产模式，改变了传统的手工作业模式，提升了生产效率，更好地进行质量控制。

（3）实现对生产过程中“人、机、料、环”的状态、运行参数实时获取与监控，实现生产进度、现场操作、质量检验、设备状态、物料传送等数据自动上传与监控。

（4）完善企业整体网络架构和区域划分控制，完善生产服务器的安全防护架构，实现了工厂网络的安全可靠、稳定可持续运作。

（5）各大系统高效融合、高效协同与数据集成，运营成本降低了 22.3%、不良品率降低了 48%。

（6）基于产品全生命周期管理建立了研发设计智能平台，使产品设计仿真验证、结构设计、电子设计、软件研发过程、实验验证、项目管理、文档管理等更具系统性。

（7）构建设计、制造、供应链、客户协同平台，实现了企业与客户、企业内部、企业与供应商之间的快速高效沟通。

（8）构建远程运维服务平台，新组建终端用户呼叫中心，使销售服务做到信息对接；增加了远程服务和远程内容投送的功能。

（9）构建信息安全防护体系。建立和执行产品全生命周期管理流程，建立了产品安全相关的管理系统及安全实验室，成立了渗透测试团队和应急响应团队，并将工业控制系统及传统 IT 信息安全建设任务细分。

（10）钻研机器视觉、雷达、惯性传感器之间的互补融合技术，无人驾驶的车辆导航与定位技术，无人驾驶的规划决策技术，无人驾驶的车身控制技术。

四、实施经验

（1）重视技术研究与应用。先进创新的技术是企业的核心竞争力，在知识更新速度飞快的时代，需要钻研和开拓新技术，并结合公司的实际情况进行应用，才能使企业长青。

（2）重视数据整合与分析应用。从设计到生产，每个环节都产生大量的数据，数据是附属品，也是原动力。数据的整合、分析，可以更理性地展现运营的状态，从而使企业更快地进步；深入挖掘和应用数据，可以更好地为经营决策提供依据，进而推动企业进步。

（3）优化共享机制。企业与客户、企业内部、企业与供应商，由于信息不对称容易造成极大地浪费，便捷的共享方式将减少企业的运营成本。通过协同技术对设计、采购、工艺、生产、售后等全过程范围的数据流程进行统一，使相关方人员在统一的数字化平台中支撑业务工作，打破企业与客户、企业内部、企业与供应商的信息壁垒，实现信息的充分共享与融合。

（刘朝晖、陈美颖　供稿）

14

特种计算机智能工厂试点示范

——研祥智能科技股份有限公司

一、项目实施背景与状况

（一）项目实施背景

实施制造强国已成为国家战略，是供给侧结构性改革的重要内容，新一代智能制造是智能工厂建设的方向。特种计算机在智能制造的系统控制、计算、通信中发挥着重要作用，是智能工厂的重要组成部分，是保障智能制造安全可控的核心设备、关键环节。国内从事特种计算机研发、生产和销售的企业主要在中低端市场中竞争，产品质量和美誉度也存在一定差距，迫切需要打破国际垄断进入中高端市场。在以往的特种计算机研发、生产、制造体系中，自动化、数字化、智能化能力不足，各环节相对孤立，产品全生命周期中的各环节信息不能互联互通，产品研发制造效率不高、售后服务成本高、响应不及时，迫切需要提升行业品质、品牌及进行产业转型升级。

为此，研祥智能科技股份有限公司（以下简称研祥）结合已有的发展基础和实际，在行业内率先启动智能工厂的建设任务，重点解决市场需求、产品设计、生产制造一体化和联动不畅造成的信息、监控断点问题，市场上运营产品的信息采集、管理和服务升级、被动响应问题，生产线上产品的智能识别与检测问题等，从而实现产品小批量、多品种、快速换线的要求，实现产品全生命周期各环节的互联互通，提升智能化产品售后服务质量，提高企业生产效率，降低运营成本，缩短产品研制周期，降低不良品率，提高能源利用率，以应用典范的形式推动制造行业的转型升级。

（二）项目实施的主要思路和目标

项目面向特种计算机定制化、柔性化制造需求和新一代智能制造的发展方向，在已有自动化、信息化、数字化条件的相关基础上，通过数字化、网络化、智能化技术手段，对研发设计、生产设备、检测工艺及生产管理等进行改造、集成与升级。通过在关键环节采用智能设备，建立以产品、制造、质量和管理模型数据库为基础的企业数据中心，以统一的数据平台打通产品全生命周期管理（PLM）系统、制造执行系统（MES）、企业资源计划管理（ERP）系统与可靠性管理平台的信息流，搭建车间多机器互联网络及信息物理融合平台、工业云平台和大数据的智能分析运维系统，最终构建面向特种计算机生产的电子行业定制化智能制造新模式。

通过项目建设，研祥实现了智能制造装备和系统在特种计算机智能工厂的推广应用，形成研发、生产、供应、销售等关键环节的集成创新，实现支持多品种、小批量的定制化、柔性化生产体系和高品质产品自动化、智能化生产。项目完成后，企业生产效率提高30%以上，运营成本降低20%以上，产品研制周期缩短50%以上，不良品率降低40%以上，能源利用率提高10%以上。

二、项目主要实施内容

（一）项目实施的主要内容

特种计算机智能工厂的建设覆盖销售、设计、生产、测试、物流、售后等环节。项目利用物联网技术、计算机视觉技术、运动控制技术、大数据分析技术、工业通信网络等，打通数据接口，建立特种计算机智能生产线，建立全数字化产品设计流程，开发和应用工业云平台和大数据分析运维平台，建立产品全生命周期的可靠性管理，构建信息安全保障，提升自动化、智能化、信息化的特种计算机产品生产能力，提升企业研发、生产和服务能力。

研祥项目系统架构图如图 14-1 所示。

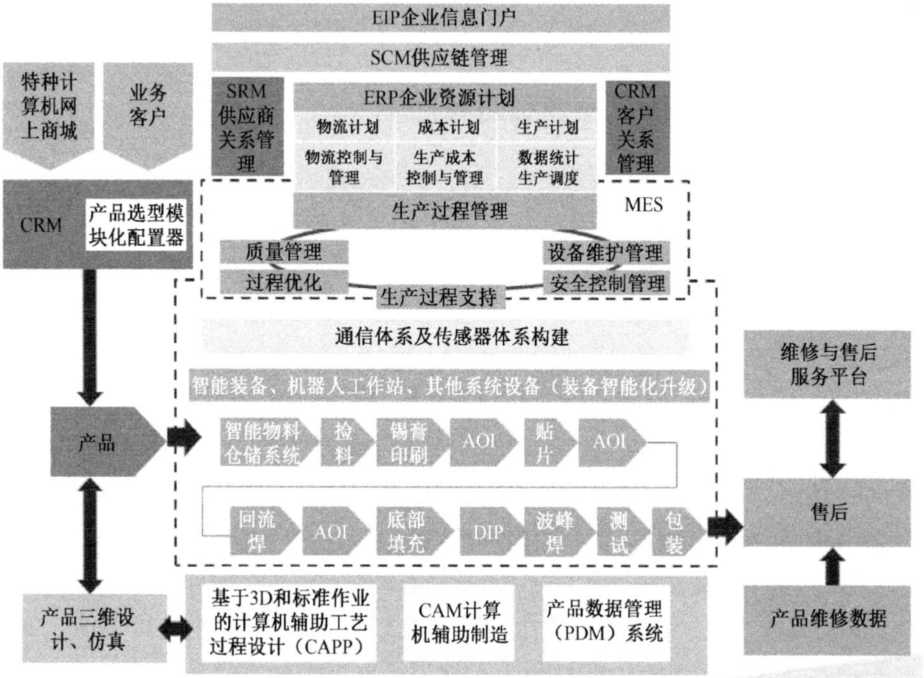

图 14-1　研祥项目系统架构图

研祥从两个维度上推进项目实施：纵向上，通过 ERP 制定生产计划、物料计划、设备计划等，将生产计划信息、订单信息发送到 MES，进行车间生产计划和生产作业制定，将物料计划信息发送到物流管理系统进行物流配送，同时 MES 将计划信息、任务信息发送到过程控制系统（PCS），PCS 根据这些信息进行设备、机器人和生产线的控制，并且将这些制造资源信息的状态发送给 MES，进行实时计划排产和能源管理；横向上，数字化设计将产品设计图纸、工艺信息及数控代码信息发送到数字化生产制造系统，进行产品制造，然后通过制造过程监控及制造现场物流配送、管理与跟踪，实现完工信息及物流信息的反馈，采用过程质量控制和信息追溯进行制造过程的质量控制、分析及失控信息的追溯。

（二）项目采取的主要措施

1. 打通数据接口，实现系统互联

本项目建立生产过程数据采集和分析系统，形成完善的实时数据平台和具有行业及企业特点的基础数据库；构建 MES/ERP/PLM 等系统并高效无缝集成，提供最优化的生产方案或进行定制化生产。如图 14-2 所示为研祥业务、生产、研发系统互联图。

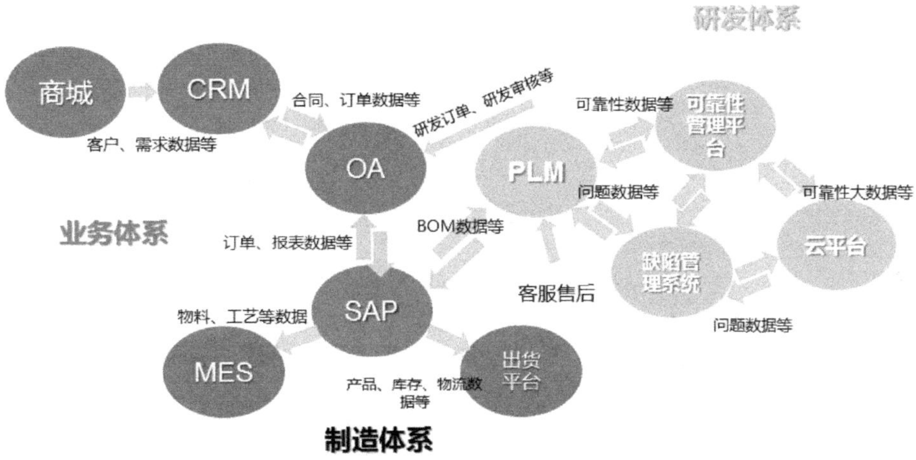

图 14-2 研祥业务、生产、研发系统互联图

2. 建立特种计算机智能生产线，混线生产

本项目使用智能设备对捡料、上板、上锡、贴片、回流焊、底部填充、插件、波峰焊、测试等特种计算机产品生产工艺流程进行智能化改造，同时主要环节都要采用自动光学检测（AOI）进行质量检测，建立智能制造体系。如图 14-3 所示为研祥智能生产线生产工艺。

3. 建立全数字化产品设计流程

本项目通过采用数字化三维设计与仿真，实现产品性能分析设计、寻找产品缺陷、缩短产品研发周期，建立自主技术等目标。如图 14-4 所示为研祥基于 CAD/CAE 的全数字化特种计算机设计流程。

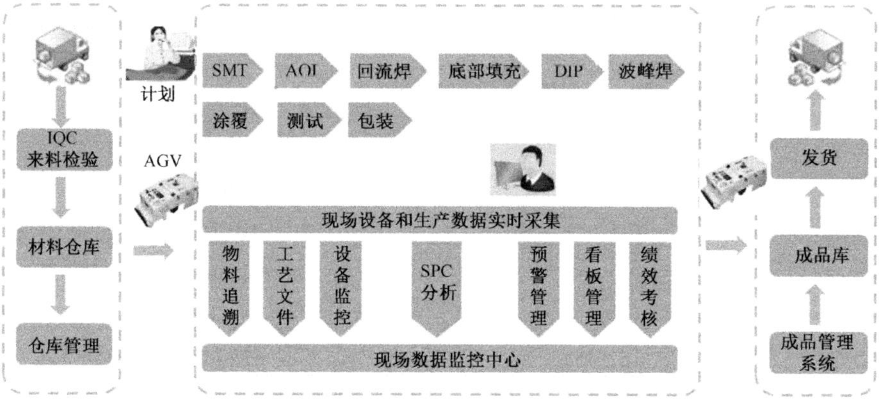

图 14-3　研祥智能生产线生产工艺

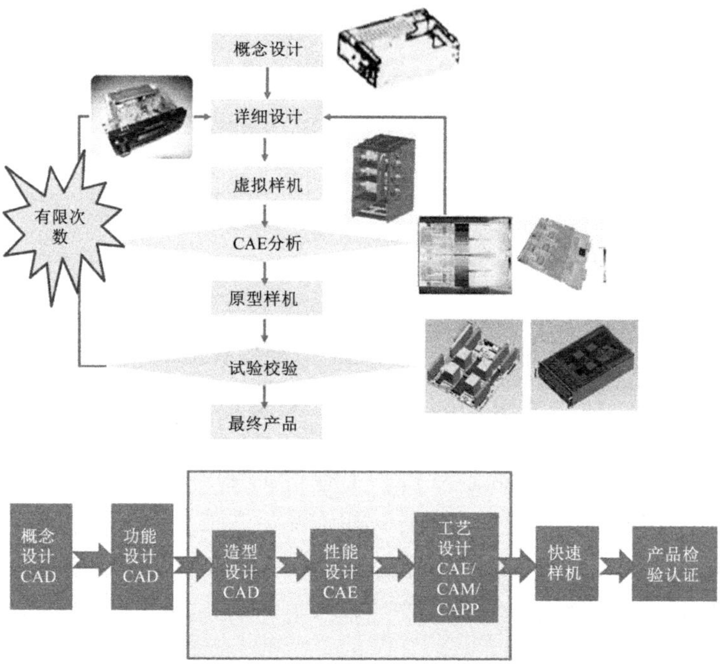

图 14-4　研祥基于 CAD/CAE 的全数字化特种计算机设计流程

4. 建立工业云平台和大数据分析运维平台

本项目面向智能特种计算机产品，开发和应用终端监控、云端监控两部分系统。终端监控系统实现对公司产品数据的采集以及对云端下达的一些命令的响应处理；云端监控系统实现对数据的存储和事件的响应处理。系统和智能特种计算机产品绑定，为企业和客户提供产品售后的应用数据服务，提高产品服务能力。如图 14-5 所示为研祥智能工业控制云平台总体架构。

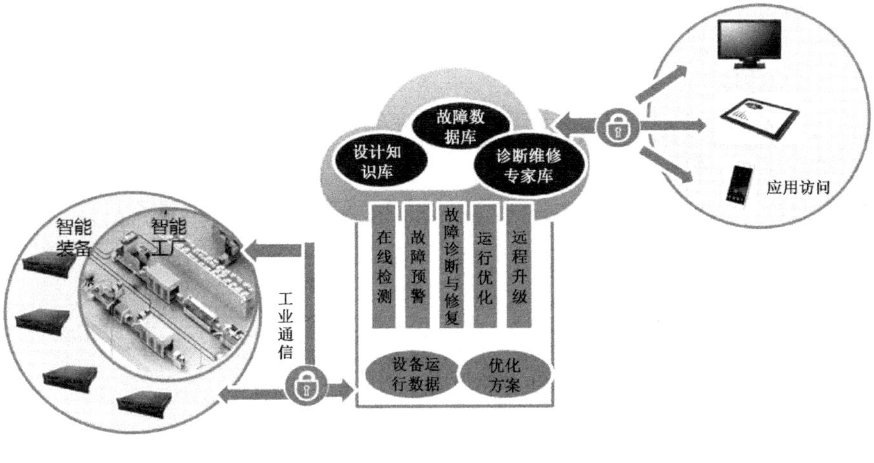

图 14-5　研祥智能工业控制云平台总体架构

5. 建立产品全生命周期的可靠性管理

本项目对从市场需求、产品策划、产品研发、设计验证、生产、配送、使用到维护的整个产品全生命周期实施可靠性管理，使产品可靠性得到保证。如图 14-6 所示为研祥可靠性开发管理平台架构。如图 14-7 所示为研祥可靠性工程管理平台框架。

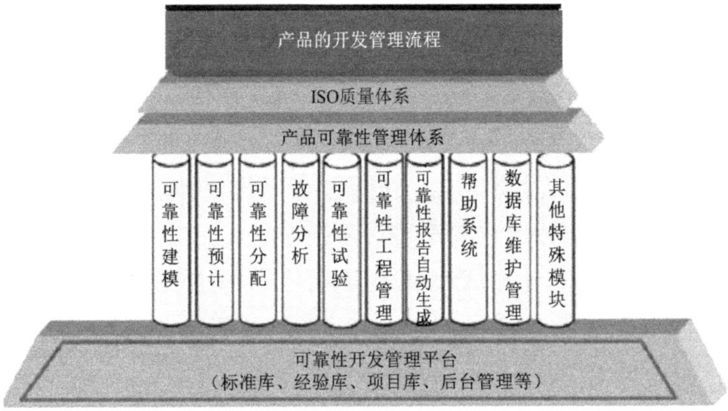

图 14-6　研祥可靠性开发管理平台架构

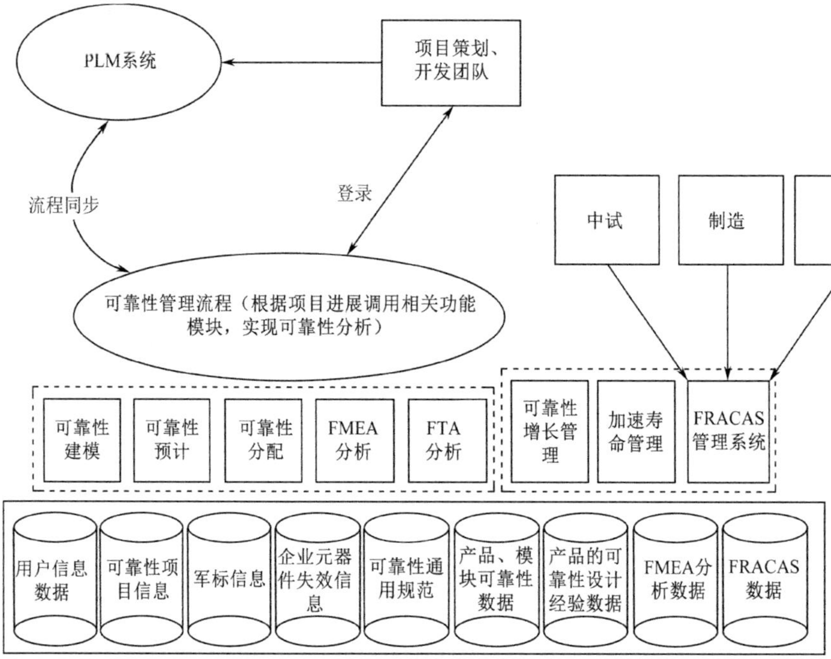

图 14-7 研祥可靠性工程管理平台框架

6. 建立信息安全保障

本项目建立数据防泄露（DLP）系统、上网行为管理系统、网络准入系统和卡巴斯基杀毒系统、国产开发系统和硬件设备、数据备份与容灾系统等，使智能制造信息安全在产品全生命周期中得到保障。

三、实施成效

项目通过提高生产监管力度、完善检查手段、改善工作环境、提高特种计算机生产的一致性及合格率，实现更高的生产效率，获得更好的产品质量和更低的成本控制，形成良性的可持续发展的态势。研祥实施智能制造前后的成效对比如表 14-1 所示。

表 14-1　研祥实施智能制造前后的成效对比

考核指标		项目实施前	项目实施后	预期改善比例
综合指标	生产效率（1 小时产能/单线）	45 台	60 台	33%
	运营成本（单个项目）	29 万元	23 万元	20.69%
	产品研制周期	100 天	45 天	55%
	不良品率	10%	6%	40%
	能源资源利用率	80%	92%	12%

注：①生产效率：1 小时产能计算方式为 1 小时产能提升比例=（项目实施后目标生产线各班次 1 小时产能平均值-项目实施前目标生产线各班次 1 小时产能平均值）/项目实施前目标生产线各班次 1 小时产能平均值。

②运营成本：是企业所销售商品或者提供劳务的成本，包括销售成本、销售税金及期间费用等。运营成本=销售成本+销售税金+管理费用+财务费用。

③产品研制周期：主要指标包括可行性分析、产品设计、模具制作、厂商开发、样品试制、小批量试制、量产导入等时间。模块化新产品开发从项目启动到产品量产的时间=基准的项目开发周期的变化量/基准的新产品开发从项目启动到产品量产的时间（目前基准周期为 100 天）。

④不良品率：制造生产的不合格品数量与实际的总产量的比值。不良品率=制造生产的不合格品数量/实际的总产量。

⑤单个产品生产能耗计算方式：单位万元产值所消耗能耗较前一统计周期下降幅度。单位万元产值能耗=统计期内消耗的能耗/总产值。

接下来，研祥将完善信息化系统，建立开放式架构设计平台，优化工业云平台、大数据分析运维体系及电子行业协同制造云服务平台建设，进一步实现项目目标。

四、实施经验

（1）打通设计、生产、应用各环节，实施数字化、网络化、智能化。通过研发设计数字化、生产设备智能化、制造管理信息化、运维服务网络化建设，带动产业链上下游的技术合作和协同创新，打造“产学研用”相结合的智能制造创新生态。

（2）项目技术、产品、设备、解决方案能够在行业内复制、应用，推进行业转型升级。充分利用创新技术，集成全球先进软硬件技术及产品，打造适合中国的智能制造解决方案，形成行业复制和推广效应，推动特种计算机行业向网络化、智能化方向发展，推进行业转型升级。

（3）形成电子行业大规模个性化定制的运营新模式。通过集成智能装备和系统，提升企业定制化、柔性化、互联化、服务化的智能制造模式。

（4）聚集高端人才，促进智能人才队伍建设。聚集国内外智能制造高端人才和科技创新资源，支持高新区智能装备培训中心建设，为深圳制造业智能化发展引进智力资源。

（林诗美、沈航　供稿）

15

6 代柔性 AMOLED 智能制造试点示范

——成都京东方光电科技有限公司

一、项目实施背景与状况

（一）项目实施背景

在实施制造强国战略的背景下，成都京东方光电科技有限公司（以下简称成都京东方）致力于加快柔性显示等新型显示器件进步，为智能终端应用领域提供更好的产品和服务。同时不断拓展新应用领域、储备创新技术，为实现中国工业智能化的使命贡献力量。

成都京东方第 6 代柔性 AMOLED 生产线项目通过应用最新模组技术、设备监控技术、智能物流工厂管理系统等，已成功掌握产销流程、提高生产可控性、减少生产线上的人工干预、及时正确采集生产数据，达到以合理的生产管理计划排产的目标。正是由于智能制造对生产技术改革提出了新的要求，全自动化生产线应运而生。

（二）项目实施的主要思路和目标

本项目旨在建立一个通过智能制造模式来降低运营成本、稳定生产质量、持续改进工艺、提高产品良率和产能爬坡、满足整个生产链协作要求的智能化车间，发挥示范带动作用，促进平板显示行业由传统制造模式向智能制造模式升级。

成都京东方在大批量生产中采用自动化生产线以提高劳动生产率，稳定和提高产品质量，改善劳动条件，缩减生产占地面积，降低生产成本，缩短生产周期，保证生产均衡性，从而取得显著的经济效益。

二、项目主要实施内容

（一）项目实施的主要内容

成都京东方第 6 代柔性 AMOLED 生产线，是全球领先的半导体显示领域企业京东方在成都的重要布局，项目占地面积 32.2 万平方米，设计产能为 48K/月玻璃基板，主要智能制造建设内容包括自动化柔性 AMOLED 模组制造系统、自动化物流系统、信息化工厂管理系统等。

（二）项目采取的主要措施

为实现高效、高品质、可定制的现代化生产，满足客户的多样化需求，成都京东方智能化工厂主要从以下三个方面进行建设。

1. 自动化柔性 AMOLED 模组制造系统

柔性模组智能工厂通过主要生产工序设备的自动化连线，提高设备稼动率，从而提升生产线的生产效率，满足柔性产品日益增长的产能需求。同时，引入的自动化产品检查系统可提高产品检查效率，降低检查人员劳动强度，避免因人员操作不当引发的产品制损。

2. 自动化物流系统

项目建设了从仓库到生产工序的现代化物流系统（包括 Lifter 自动搬运系统、STK 物流分拨系统、OHT 物流分发系统和自动化产品打包系统），这些系统帮助企业实现了高效、快捷和安全的物料运输。

3. 信息化工厂管理系统

成都京东方响应中国制造业要实现自动化和信息化融合的号召，引入了信息化的工厂管理系统，实现了从市场需求到工厂生产的信息交流。信息化工厂管理系统包含企业资源计划系统、制造执行系统、远程控制系统、模组智能系统等。

三、实施成效

作为流程型智能制造工厂，项目实现了对物流、物性、资产、能流的全流程监控，建立了数据采集和监控系统，运用了先进的管理系统、工艺设备，同时完善了实时质量监控系统，起到相应的预警作用。

1. 生产效率大幅提高

以下列举了两种提高生产效率的实现方式。

（1）等待时间减少：通过优化生产线自动化运营模式及提升自动化程度，减少产品传送过程中的等待时间。

（2）节拍时间缩短：生产线瓶颈设备通过提升设备动作速度、减少各个动作间的等待时间、增加 Robot 手臂、优化 Robot 运营模式，以及选用处理速度快的可编程逻辑控制器缩短节拍时间，实现提升产能。

2. 运营成本逐步降低

本项目通过提高材料利用率、延长药液寿命和远程中控管理系统等手法从物料和劳动力上控制或者降低成本。以下列举了两种实现方式。

（1）材料利用率提升：通过系统性分析材料利用率低的设备结构，利用软件模拟和实验测试，对材料损耗较高的设备进行工艺参数优化和机械机构改善，实现有机发光材料利用率和涂布药液利用率的提升。

（2）远程中控室：通过远程控制实现一人同时操作多台设备，人员减少10%以上。

3. 产品研制周期缩短

智能化设备有效缩短了产品的研制周期（实现后，可缩短数十天）。

（1）历史生产数据追溯：能够对所有产品生产数据（包括工艺参数、良品率、不良品改善方案及实施后改善数据）进行查询和分析，为新产品开发提供有力的参考依据。

（2）研发过程引入分析系统：对一些关键核心工艺在开发过程中借助分

析模拟工具，提高开发准确性，比如张网设备借助软件分析模拟张网力度，在生产时继续进行微调即可量产。

（3）产品全生命周期管理（PLM）系统助力：通过 PLM 系统对产品的物料、供应商和流程进行全方位管理，辅助产品开发快速决策。

四、实施经验

本项目基于信息物理融合系统，建立大数据智慧平台，运用信息感知、网络互联及人工智能技术，将生产过程相关的设备、资源、物料、客户、生产者等实时连接，实现制造全过程高效人机交互及整体协同优化运行；自主研发关键短板装备、生产线智能化核心设备及 MES，通过开发工业现场大数据采集、工业大数据分析、智能控制、智能决策及可视化工具，建立覆盖生产全过程的车间数据模型，实现产品上下游全流程的可追溯；运用信息化手段管理和优化全局生产流程，监控和管理制造过程的各个关键环节，确保良品率大幅度提升，实现生产节拍与能源消耗的多目标优化，实现整个生产管理流程自动化，进而实现工厂无人化的智能制造模式。针对技术难点和创新点，成都京东方具体技术案例的应用过程和实施效果如下。

1. 建立企业级标准化接口，运用工业互联网，实现各类智能设备与执行层的信息互通

计算机集成制造（CIM）系统由许多子系统构成。为了打破信息壁垒，消除信息孤岛，实现各系统的高效整合，实现智能制造，成都京东方对各系统之间的接口进行了标准化（自主）处理。同时，所有厂商均按照成都京东方要求的规格进行系统接口设计与开发。如图 15-1 所示为成都京东方 CIM 接口标准化示意图。

2. 制造过程在线实时智能监控系统

（1）通过工业互联网建立现场工业大数据在线实时采集与处理系统。对制造过程进行在线实时智能检测，实现产品的在线缺陷检测及分类，提高良品率。对生产过程中的设备状态、生产环境及设备内部的洁净度进行实时监控，实现生产节拍与能源消耗的多目标优化。如图 15-2 所示为成都京

东方洁净度监控系统示意图。

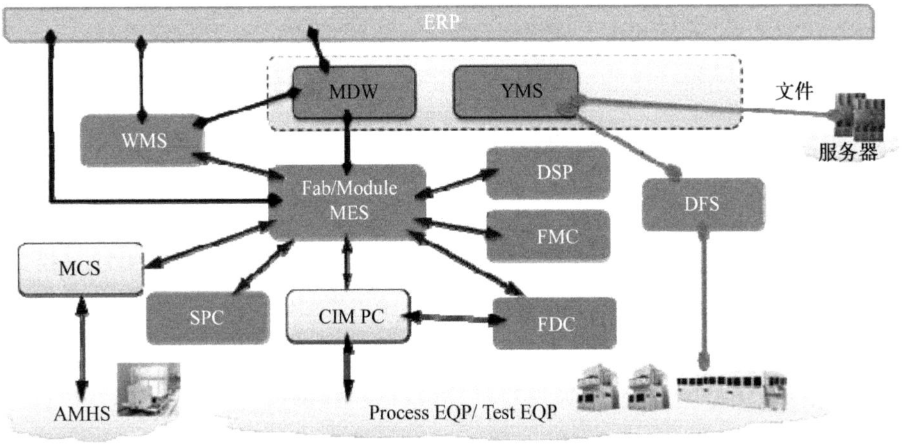

图 15-1　成都京东方 CIM 接口标准化示意图

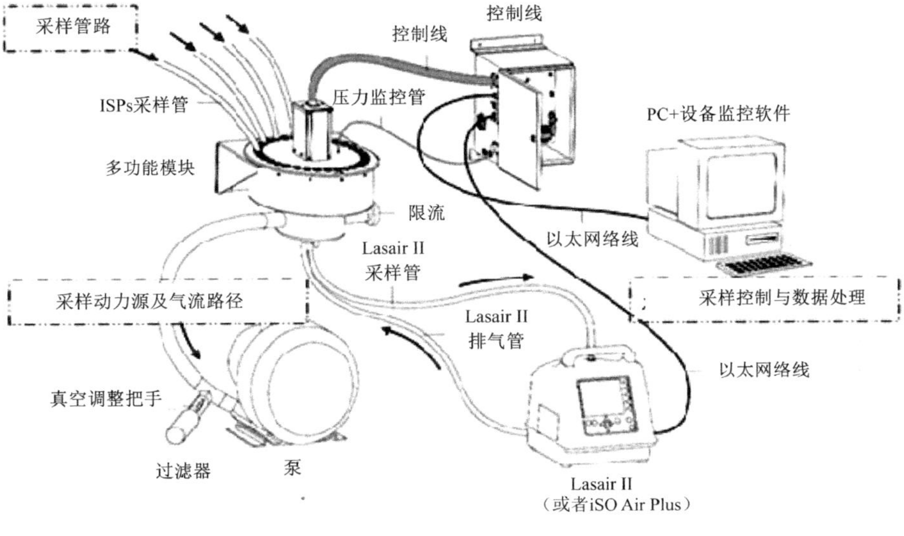

图 15-2　成都京东方洁净度监控系统示意图

如图 15-2 所示，项目在设备、管路、动力源及特别的路径（气流）上会设置采样点及对应的传感器，通过实时采集洁净度的数据并在中央采样控制数据系统中，对整个过程进行细分管理并针对不达标的区域进行原因分析，在数据反馈报告中对不达标区域进行标准化管理，从而保证生产线环境稳定处于生产所要求的高洁净度中。

（2）设置远程操作系统与制造控制中心。实时监控生产线“人、机、料、法、环”的运行状况，通过远程控制及模组段实现全自动化生产，进而实现工厂无人化。

3. 研发MES，实现MES与PLM、ERP等系统的协同与集成

（1）研发MES：将生产过程相关的设备、资源、物料、客户、生产者等进行实时连接、精确识别和有效交互，通过生产业务流程的数字化管理实现生产人员操作、工艺参数、质量参数等的全程可视化与可追溯；系统导入工厂模型、专家知识、信息感知、网络互连和人工智能技术，实现制造过程中的智能判定、自动排产及在线实时产品智能调度。

（2）采用多源异构系统集成技术，构建互联互通的网络架构与信息模型，实现车间现场数据与生产管理软件的信息集成，以及MES与PLM、ERP等各类管理系统的高效协同与集成，打破企业内部的信息壁垒，形成纵横双向一体化集成系统体系。

（朱琳、宋紫微　供稿）

16

精密电子元器件智能制造试点示范

——贵州航天电器股份有限公司

一、项目实施背景与状况

（一）项目实施背景

电子元器件行业的产品具有种类繁多、规格型号体系庞大的特点，订单具有多品种、小批量的特征。在传统的生产制造模式（手工操作为主）下，以电连接器为代表的电子元器件产品的质量一致性和产品可靠性难以得到保证，这是行业长期以来的“痛点”。而智能制造车间建设通过各种自动化、数字化、网络化技术的应用，从生产设备、车间架构、管理模式到质量控制等方面进行大幅优化和提升，打破长期以来的传统生产制造模式，为解决行业关键共性问题提供最佳实践参考和示范，从而促进电子元器件产业的转型升级。

（二）项目实施的主要思路和目标

贵州航天电器股份有限公司（以下简称航天电器）依托现有规模、成本、质量、技术等优势，以一系列重大管理变革和先进信息技术应用为主线，立足长远发展，确立智能工厂建设的主要思路和目标：采取体制、机制优化和业务流程再造，不断采用新技术，通过总体规划、分步实施，打造智能化工厂。项目实施第一步，智能制造应用示范建设阶段，用3年时间完成试点建设，建成智能工厂应用框架；第二步，到2020年完成智能制造应用示范提升；第三步，智能化应用全覆盖，到2025年建成高度自动化、数字化、可视化、模型化和集成化的智能工厂。

项目整体技术达到国际先进、部分达到世界领先，装备与技术的国产化率达到90%以上，主要技术指标达到国内同类企业领先或先进水平，生产现场作业的劳动生产率提高30%，运营成本降低20%，盈利能力继续保持国内领先。

二、项目主要实施内容

（一）项目实施的主要内容

本项目围绕电子制造行业提质增效、转型发展，运用自动化、信息化、大数据、人工智能等先进技术手段，建设基于云平台的、面向客户定制化的一体化生产智能制造示范工程，能够满足多品种、小批量生产需求，推动生产制造行业变革，从而打造国际先进、国内领先的电子制造行业智能工厂。

（1）智能设计与分析。实现从产品三维设计、三维工艺到加工的产品全生命周期集成。

（2）智能制造关键技术装备应用。通过智能制造装备研发及制造，提高生产线自动化和信息化程度。

（3）智能生产管控。通过企业资源计划管理（ERP）系统与制造执行系统（MES）的集成应用，实现基于有限产能的排产、生产指令下达、生产数据实时采集和设备状态实时监控等制造执行一体化平台。

（4）大数据驱动的企业运营智慧决策与管理。建立经营管理辅助决策系统和跨专业、纵向集成的企业管理平台，以及融合知识、模型的企业管控体系。

（二）项目采取的主要措施

1. 全数字化设计和仿真平台

本项目坚持“全生命周期管理”理念，通过搭建高效的全数字化设计和仿真平台 PLM，实现设计工艺协同，进行参数化建模，利用虚拟仿真技术完成设计、工艺方案的优化调整，进而开展数字化制造工作，对制造过程进行工艺仿真、参数优化、发布虚拟样机等，形成基于模型的高可靠性设计、工艺、生产制造一体化的产品研制数字化平台。建立 MBD（基于模型的设计）设计体系、标准体系和相关规范，实现 MBD 设计数据作为唯一数据源的设计、工艺、制造、检测一体化，并与工业云平台协同产品定义管理（CPDM）系统集成，实现跨企业、跨组织的设计数据和资源数据的协同管理和应用。

2. 柔性化智能生产线（设备）

（1）底层自动化设备智能升级。针对智能生产线关键工序技术要求，在现有的自动化制造装备的基础上，通过采用仿真分析优化、智能化图像检测系统、嵌入式控制系统、先进的制造过程现场数据采集方案等措施进行智能化升级改造，研制出安全可控的核心智能制造装备，形成全新的、智能化的精密电连接器生产线，满足智能化、柔性化生产需求。

（2）设备深度学习。通过快速深度卷积神经网络算法研究，运用系统建模、缺陷及视觉检测技术，完成基于机器深度学习的大数据分析应用软件开发；将复杂且难以实现的“手工特征工程”交由先进的卷积网络模型完成，摆脱传统技术手段固有的诸多局限；满足电子元器件产品外观检测需求，实现产品外观在线智能化检测；基于深度卷积神经网络模型的开发应用，使设备具备强大的迁移学习能力。

3. 智能化生产管控

（1）数字孪生。利用正向设计、三维虚拟现实等技术对作为实物存在的产品、设备等用三维模型的方式进行展现，并以三维模型作为载体，集成生产线建设、运行维护数据，形成了“所见即所得”的车间管控平台；通过“虚拟工厂”与“现实工厂”之间的交互，使设备特性参数、工艺参数可视化有机地联系起来，为设备、生产、安全的业务三维应用提供数据支撑和可视化环境，使方案全景模拟成为可能，极大地推动了车间管理模式改进。

（2）车间现场网络化监控和管理。应用 WebService 技术，解决 PLM、MES、ERP 系统间的信息孤岛问题，并应用工业以太网 ProfiNet 技术打通软硬件间的壁垒，实现从订单到交付、从研发到服务的全流程信息集成，打通生产服务全过程数据链，实现全过程数据透明和可追溯性，从而搭建车间互联互通网络架构与信息模型，建立数字化车间集成平台。

（3）现场数据采集与可视化。通过 DCS（TIA+SCADA）系统应用，实现设备在线与 MES 的全自动无缝集成，建立基于设备实时数据驱动的管理模式，实现设备状态的在线实时监控。

（4）设备在线监测管理。应用在线监测技术自动诊断设备故障、预测设备剩余寿命、智能诊断设备故障，为设备预测性维护提供全面支持。

如图 16-1 所示为航天电器生产运行智能化架构。

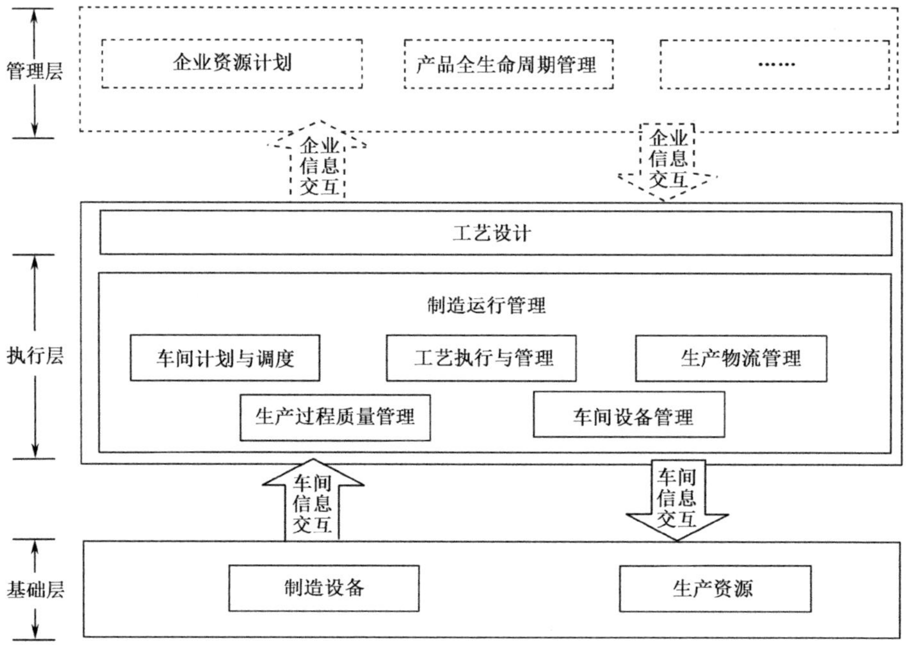

图 16-1　航天电器生产运行智能化架构

4. 大数据驱动的企业运营智慧决策与管理

在现有自动化生产线的基础上扩展和完善，建设满足多品种、小批量的柔性化智能生产线，利用物联网技术和大数据分析技术，对产品生产、质量数据进行统一的管理分析，为企业管理人员提供完整的、关联的、警示性的数据决策依据。

（1）基于大数据的决策管理。以效益最大化为目标，针对生产经营过程中积累的海量数据，建设数据中心，整合产品数据、运营数据、设备数据、价值链数据等，进行大数据分析及决策支持。为产品设计、工艺优化、远程设备监控和运维及重点KPI监测等提供支持，实现经验决策模式向大数据支撑下的智慧化研制和管理模式转变。

（2）业务财务一体化管理。建立企业资源计划管理系统，搭建高度集成的经营管理与生产运营集团一体化的管控信息平台，通过以计划为核心的有限产能排产系统，实时采集生产过程数据，优化工艺定额，实现业务财务一体化管理。

三、实施成效

航天电器的智能制造试点示范项目建立了一个“面向客户定制的、小批量、多批次混线生产模式”的整体解决方案；在实施过程中，总结归纳了一套智能制造相关标准体系；培养锻炼出一支具备智能制造策划、方案设计、项目实施能力的队伍，形成可复制、可推广的智能制造新模式。

（1）本项目自主研发精密电子元器件智能生产线执行系统（I-PLES），打破了智能生产线由国外软件长期垄断的局面，填补了国家智能制造在该领域的空白；归纳和总结了一套离散型制造业智能制造解决方案，为行业智能制造整体解决方案提供了可复制性的参考。

（2）通过在 TeamCenter 中建立超级 BOM 和超级 BOP，有效管理小批量、多品种模式下的设计、工艺和制造业务，确保单一数据源，大幅降低生产准备的时间和工作量；通过PLM/ERP/MES/车间自动化的集成，建立闭环制造系统，为基于数据的持续改善提供基础；基于工业以太网，通过数据采集和分析，实现车间生产过程的可视化管理。

（3）通过自主研发底层自动化设备及模块化设计打造出可以复制推广的自动化感知系统及自动化执行系统，形成一条真正的智能化示范性生产线（设备），并建立起一套全新的连接器产品生产制造标准。

四、实施经验

（1）一定要搞清楚机械化、自动化、信息化及智能化的关系，前三者是实现智能化的前提条件；不要盲目跟风，认清自己市场定位，量力而行；

改“大而全”为“小而精”，做到不求规模、但求利润的经营思路，辩证地借鉴学习德国的工匠精神，成为行业的“隐形冠军”。

（2）互联网能颠覆很多传统行业，企业应该具有互联网思维；但对多数企业来讲，互联网只是信息交流的工具，产品和技术的创新及发展还必须靠专业团队来实现。

（3）保障高质量生产要通过产业链进行协同，产业链的维护要依靠产业联盟，制定的行规要确保联盟成员的利益；竞争对手可变为协同朋友，实现市场与资源共享，形成产业集群，达到共赢。

（4）工业 4.0 及智能化不是简单的机器换人，让员工失去工作岗位；而是变换岗位、改善条件，提升团队创新能力、增加产品的附加值；维持专业团队的创新力还需要终身学习及专业培训。

（周靖波、唐麟　供稿）

17

大型天线产品智能制造试点示范

——中国电子科技集团公司第三十九研究所

一、项目实施背景与状况

（一）项目实施背景

中国电子科技集团公司第三十九所（以下简称三十九所）是我国大中型天线与精密跟踪技术专业化研究所，一直承担着国防重点大型测控及通信天线系统和高性能小型精密车、机、星载天线系统的研制生产任务。据统计，三十九所产品占国内大中型口径天线系统设备总量的 90%以上、测控雷达天线系统设备总量的 70%甚至 80%以上，近 20 个品种进入了国际卫星测控市场，已成为国际天线行业的主要供货商之一。根据集团公司规划，2015 年在西安高新区草堂工业园区开工建设装备生产基地。生产基地由馈源、反射面、天线座等制造车间，以及生产准备和特种工艺车间、库房等生产单元组成，以此为基础建设“大型天线产品智能制造”项目。大型天线产品智能制造是典型的定制化的单件、小批量、试制化的离散型制造模式。

在大型天线产品的设计制造过程中，经历了从三维结构设计、仿真，到结构、工艺设计、制造一体化，再到数字化制造信息化管理、网络化协同等过程，一直在数字化、网络化和智能化制造方面进行研究和探索。智能制造过程包括技术手段、工艺设备、管理方法、安全措施等一系列因素，三十九所根据自己的实际情况，单点突破，深入开展应用。

（二）项目实施的主要思路和目标

天伺馈设备应用涉及雷达测控、通信、导航、遥测遥感等航空航天领域。产品市场需求量大、技术密集、结构及配套复杂、定型周期长、研制成本高、加工装配精度高、装调复杂、建造和服役周期长，产品快速更新换代和敏捷交付的需求迫切。

大型天线产品智能制造项目的建设通过实施智能制造数字化车间的体系架构、工业软件和智能制造创新应用模式等方面获得提升。以面天线结构综合设计平台为基础，提升设计/制造一体化能力，通过系统集成实现柔性制造；以制造执行系统（MES）为主线，综合应用智能制造核心技术装备，进行精密管理和质量控制，增强单元生产效率；突破面板生产线关键短板装备，通过运用智能装备和工业机器人改善劳动条件、减少生产线人工干预，提高生产过程可控性；完善内部制造网络和安全机制，通过工业互联网，优化制造资源平台，进行异地制造资源互连，推进协同创新；基于型号设备，通过专网建立产品健康管理平台提升产品和技术服务智能化水平。

本智能制造新模式项目的目标如下。

（1）通过升级改造馈源加工、面板成型、座架装配、安装调试等智能核心技术装备，使智能装备与数字化制造系统协调运行，实现制造过程一致性的管控与提升，使生产效率提高20%以上。

（2）通过物料需求计划与生产计划和实时库存信息的联动，以及 MES 计划排产及配套检查，实现物料的准时制生产方式（JIT）配送，降低在制品库存，提高资金周转率；通过企业精益运营管理实现运营成本降低20%以上。

（3）通过产品三维设计仿真、产品数据管理、工艺过程管理和优化、三维作业指导书及工艺知识管理，实现产品研制周期缩短30%以上。

（4）建设数字化协同开发环境，建立三维设计、工艺与仿真一体化的数字化协同研发体系，构建产品模板库、基于特征的参数库和设计规则知识库，快速设计产品三维模型。通过与 MES、质量大数据分析系统及产品试验数据管理系统的综合集成，持续优化设计品质和效率。

（5）通过数字化检测设备、产品全生命周期管理和质量大数据分析，自动采集工序完工与质量等信息并进行持续分析；关键件和关键工序质量问题 100%可追溯，指导产品设计和工艺改进，使不良品率降低 20%以上。

（6）通过在线监测系统减少设备空转时间、提高设备的开机率，通过改变车间物流方式减少无效流转降低能耗，优化能源管理，使单位产值能耗降低 10%以上。

二、项目主要实施内容

（一）项目实施的主要内容

根据智能制造发展规划（2016—2020 年）及智能制造应用项目指南，大型天线产品智能制造项目建设涵盖“车间总体设计、工艺流程及布局数字化建模；基于三维模型的产品设计与仿真、建立产品数据管理（PDM）系统；关键制造工艺模拟及加工、装配的可视化仿真；先进传感、控制、监测、装配、物流及智能化工艺装备与生产管理软件集成；现场数据采集与分析系统、MES 与产品全生命周期数据管理（PLM）系统协同与集成”等内容，打造以“集成化、精益化、数字化、网络化、智能化”为特征的数字化车间。

项目建设主要包括以下内容。

（1）数字化车间体系架构设计。

（2）基于模块化、参数化和知识库的协同创新设计。

（3）生产过程虚拟仿真与可视化。

（4）关键工艺与核心技术装备应用。

（5）基于精益管理的车间制造执行。

（6）制造装备运行状态监测。

（7）产品远程在线运维服务。

（8）数据中心与网络建设。

（二）项目采取的主要措施

1. 产品研发设计

本项目建立了三维设计、工艺与仿真一体化的数字化协同研发体系，构建基型产品模板库、基于特征的参数库和设计规则知识库；在设计过程中同步展开材料、机械、热力学、流体力学、电磁场等仿真；模拟产品使用工况，验证产品设计功率、寿命、成本、安全及能量等性能参数并进行优化，以提高设计效率和设计品质。

2. 设计与工艺协同

本项目通过数字化样机、虚拟装配和三维作业指导手册等手段，进行工艺的可制造性虚拟验证，促进生产模式由传统的“试错式”向先进的“预防式”转变，提升制造质量，缩短交付周期，降低质量成本。如图17-1 所示为三十九所天伺馈结构制造工艺流程。

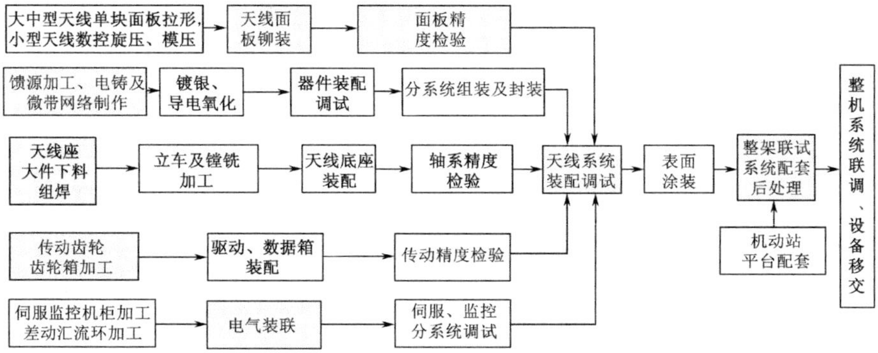

图 17-1　三十九所天伺馈结构制造工艺流程

3. 核心智能技术装备

在面板成型、座架装配、馈源加工、安装调试、系统测试等过程创新应用 PLC、激光切割机器人、平面关节搬运机器人、在线测量及质量监控机器人，提高生产效率。如图 17-2 所示为三十九所天线反射体智能生产线工艺流程。如图 17-3 所示为三十九所面板机器人铆接工作站示意图。

4. 车间互联互通及在线监测

在车间设备层、制造执行层和应用系统层的互联互通上，夯实物联传感、设备运行状态监测与实时数据采集、制造过程主数据管理。通过DNC/MDC 系统网络化的在线监测系统，减少设备空转时间，提高设备开机率。

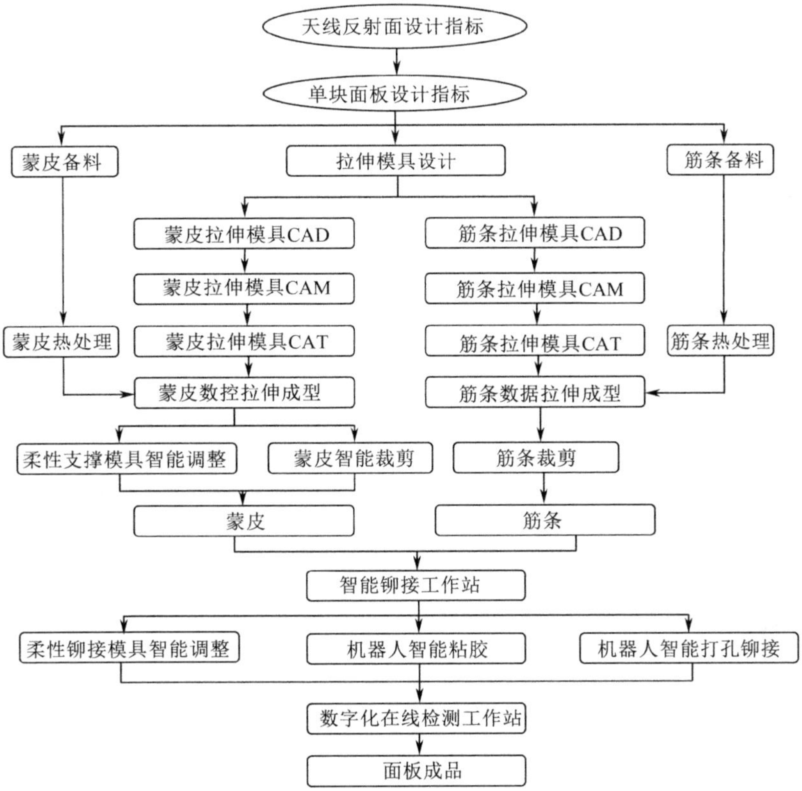

图 17-2　三十九所天线反射体智能生产线工艺流程

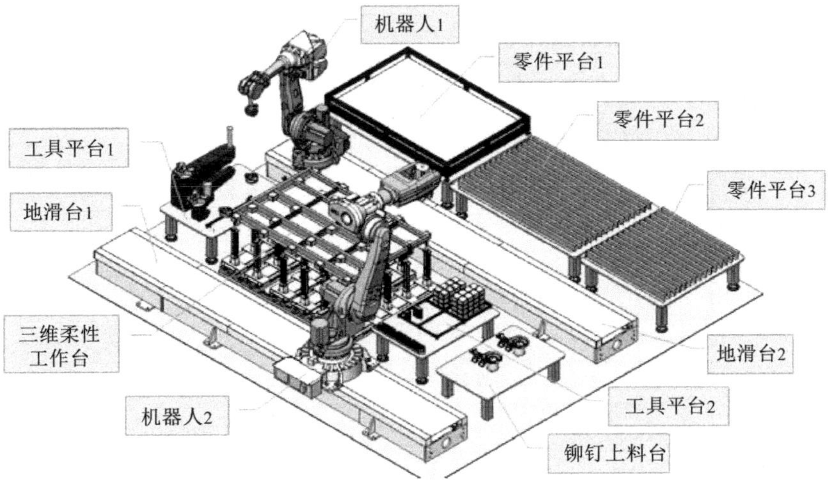

图 17-3　三十九所面板机器人铆接工作站示意图

通过 DNC/MDC 系统实现对生产现场的加工程序传递、程序版本、修改记录等实行严格的控制管理；解决生产加工现场的数据采集问题，如加工产量、加工工时、设备状态、系统故障等信息。具体做法是把车间的数控机床和加工中心连接到以太网，对数控程序进行集中管理和控制；实时采集机床加工信息，实施对机床加工状态和机床加工的远程控制；通过与 MES 接口，实现信息集成。

5. 数字化检测

本项目通过数字化检测设备，自动采集工序完工与质量等信息，生成制造过程质量档案，分析制造数据、质检数据和装调试验数据，关键件和关键工序质量问题 100%可追溯。如图 17-4 所示为三十九所数字化摄影测量流程。

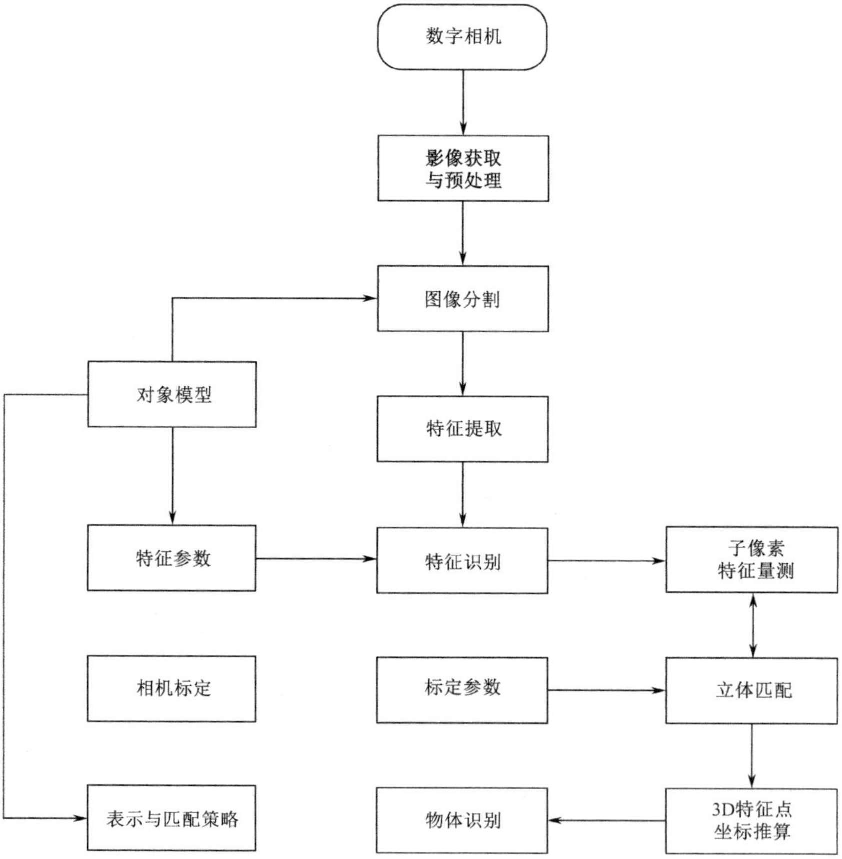

图 17-4 三十九所数字化摄影测量流程

6. 远程制造资源的共享应用

本项目利用了工业互联网开发制造资源共享服务平台，此平台具备以下基本功能：用户管理、制造资源注册发布、制造需求发布、制造服务注册发布、制造资源交易管理、服务网络论坛、平台系统管理等（见图17-5）。

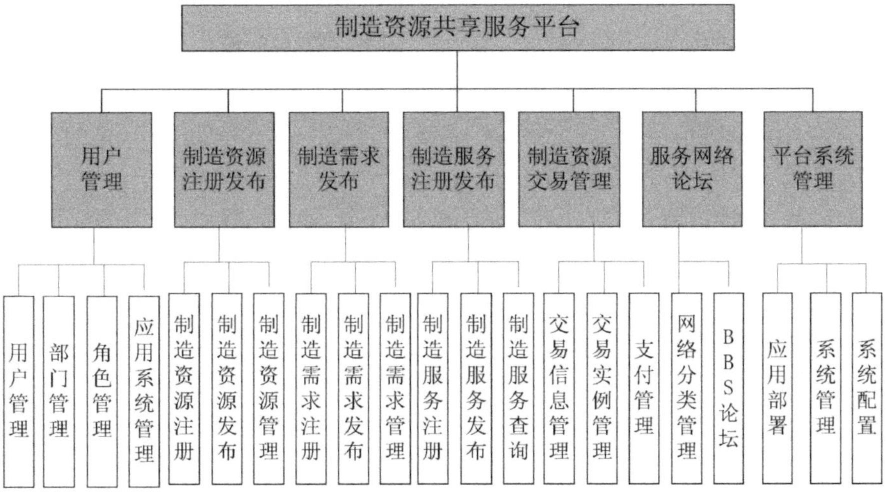

图 17-5 三十九所制造资源共享服务平台基本功能

7. 设备远程健康管理

天伺馈设备智能远程健康管理系统用以解决航空航天测控装备型号多样、结构复杂、技术状况各异，以及各测控站地理位置遍布全国甚至海外、维修工作繁重、装备维修人员手段单一、专家资源有限和维修保障经验不能共享等问题，利用网络信息化手段开展远程技术维护服务。

在产品智能制造健康管理服务平台中，建立涵盖大型复杂天线远程在线监测、健康预测与故障诊断服务，开展大型复杂天线装备的大数据挖掘技术研究、面向大型复杂天线装备的异步异构海量数据建模与管理技术、基于用户产品运行可靠性的健康预测服务、运行效率优化服务等关键技术研发。

8. AR/VR 技术研究应用

本项目针对大型天线装配过程中存在的装配难度大、装配周期长、装配变形难以控制、装配工艺和装配现场偏离、装配质量难控制等问题，开展面向大型天线装配的可穿戴设备——AR 眼镜、可视化装配工艺规划、实时数据采集和仿真控制、装配工艺优化等内容研究，突破可穿戴设备与大型天线装配环境构建、基于 AR 的天线设计模型和工艺模型应用、基于 AR 的测量调整控制等关键技术，开发满足天线装配工艺需求的“基于可穿戴设备和三维模型的大型天线结构安装作业指导”系统，形成可视化装配工艺流程规范，并建立基于 AR 的大型天线装配工艺数据库、模型库、检测调整系统，有效指导现场安装调试，减少现场安装差错和提高现场安装的工作效率，缩短装配周期，为提高天线的研制和维修保障水平提供有力的支撑。

三、实施成效

本项目针对天伺馈的生产过程及智能制造的要求，运用多目标优化技术，将多目标优化研究应用于天伺馈设备智能制造车间的布局设计，得到车间的布局方案。

通过面天线结构综合设计平台应用，进行天线机电一体化快速建模、优化分析、电性能计算及反射面调整仿真。

筛选天伺馈制造关键工艺与核心技术装备，包括柔性支撑模具、激光智能裁剪工作站、面板机器人铆接工作站、大盘智能自动调平系统、智能温控系统、高速高效精密加工中心、摄影测量与分析系统、智能刀具与仓储系统等。一方面通过新建和改造等措施提高生产和设备效率，另一方面通过关键工艺装备的互联互通，实现信息 / 数据的有效传输与使用。

MES 实施范围覆盖馈源加工、面板成型、座架装配等各生产管理单元。根据各生产单元的实际管理差异，使 MES 具备可定制的柔性配置能力。产品工序数据采集通过 MES 展示对应产品电子工艺卡片、图纸和三维模型等作业指导文件。操作者可以实时了解产品的订单号及装配的零件数量、名称和相关的技术要求等信息。

基于 MES 建立现场生产可视化过程展示环境，生产过程各环节可通过

MES 查询生产中所需的产品资源、工艺信息及工艺文件，利用多种手段采集机床、工艺装备和产品零部件信息并与 MES 集成。

天伺馈智能制造项目建设完成后，三十九所将具备年研制生产 100 部大型高性能天线设备的能力，进一步加强新型军事电子装备所需高性能天线系统产品的供给能力，具体为天线关键零部件制造能力的提升：具备年产微波器件 5 000 套的能力；可承担大中型面天线及模具的快速研制；具备年产大型天线单块面板 8 000 套的能力；可承担大型精密天线座、转台及车载、机载、星载轻型薄壁结构天线座架的快速研制生产任务，具备年产全动型天线座 100 台（套）的能力。天伺馈设备智能制造项目还可作为推广应用智能制造技术的基地；可在行业内外承担大型整机电子设备研制生产；可向军方用户提供高性能天伺馈产品的快速配套；可提供相关工程设计人员、数控设备操作人员及生产管理人员的车间级数字化信息化智能化应用技术培训。其经济效益和社会效益将十分可观。

四、实施经验

（1）加强软硬件条件建设，夯实智能制造基础。本项目完整展现了天伺馈设备智能制造的基础条件及其配套设施建设，搭建协同研制平台，明确基础条件、建设内容和相关问题，包括软件开发、数据中心和基础网络建设、智能制造设备的升级改造、相关标准规范制定、综合设计平台研制等软硬件条件建设和环境。

（2）发挥整体优势，加强智能制造技术的应用效能。本项目以关键零部件的制造全过程体现智能制造水平；进一步实现基础技术与型号研发相协调，发挥天伺馈产品研制的整体优势，提升面向产品全生命周期中的制造、装配、质量服务能力。

（3）逐步形成一支智能制造技术优异的人才队伍。通过项目实施，一方面提升企业产品设计和制造品质，提升企业生产效率，显著增强企业的应变能力和竞争能力；另一方面促进我国天伺馈设备产业结构调整和产品升级，引领和推动产业朝高精度、高附加值和高新技术领域发展，对推动产业生产技术创新具有重要意义。

（4）加强网络安全和信息防护。中心机房是网络重要设备、接入点集中的核心。项目网络从构成上分为设计网、制造园区网和互联网，是三个物理隔离的网络。网络架构是光纤主干的、以核心交换机为主接入以太网，网络之间的信息交换由专用的信息检查和交换设备完成。在综合办公区、车间管理区、车间班组区、机床终端区和物流检验等相关区域都部署了信息节点，满足信息采集传输和交换的要求。设计网连接设计、办公和管理；制造园区网包括管理网、工业网（有线、无线、DNC 网络），连接设计、办公、管理、制造的相关终端。

（陆源、董洁　供稿）

18

多晶硅智能工厂试点示范

——新疆大全新能源股份有限公司

一、项目实施背景与状况

（一）项目实施背景

多晶硅制造行业是我国新能源制造业供给侧结构性改革的先行领域和绿色发展的主战场，经过十几年发展，新疆大全新能源股份有限公司（以下简称新疆大全）已成为国内领先的多晶硅制造企业，在生产装备国产化、生产过程自动化、企业管理精细化等方面均走在同行业前列。自 2016 年以来，新疆大全积极建设智能工厂，实现快速升级转型，促进企业绿色低碳、健康环保高效发展，创造了显著的经济效益和社会效益，生产运行水平和经济效益持续保持居于国内领先地位。

多晶硅智能工厂在光伏、石化行业内具有推广示范价值，并且能够辐射和带动其他企业的智能化集成制造，对提高制造行业智能化管理水平具有良好的示范及推动作用。

（二）项目实施的主要思路和目标

多晶硅智能工厂试点示范项目围绕 18 000 吨/年的多晶硅产业化装置，

积极组织开展智能工厂建设。多晶硅智能工厂建设分为一期扩建改造与二期A阶段建设项目，一期扩建改造项目主要针对分布式控制系统（DCS）及控制室进行改造升级，建立了企业能源管控平台，提升了自动化控制水平；二期A阶段项目主要包括DCS控制室的升级迁建工作，以及HSE系统平台、可视网络监控系统及工程网络内部架构建设等。目前，多晶硅智能工厂已建成了三大信息化管理平台：以企业资源计划管理和客户关系为核心的经营决策管理平台、以制造执行系统为核心的生产运行管理平台、以信息技术为核心的基础设施运行和维护管理平台，支撑企业装备基础升级。

多晶硅智能工厂试点示范项目涵盖了多晶硅生产的主要业务，包括计划管理、高级排产、作业管理、现场信息管理、协同制造、设备管理、物料管理、能源管理、质量管理、工具管理、决策分析等，实现企业生产从设计到制造的一体化集成，通过自动感知与控制、工业网络、多个信息系统集成等技术实现各个环节中数据的信息共享，实现多晶硅生产快速响应计划变更、及时追溯产品制造过程信息。本项目通过生产过程的自动化、数字化和智能化，可实现主要设备自动化控制率 100%、生产数据自动采集率100%、外排污染物自动监控率100%；通过原料进厂、装置加工、产品包装出厂的一体化生产运行和智能优化管控体系，实现多晶硅工艺综合能耗优于 33.5kgce／kg，精馏提纯工序能耗优于 6.1kgce／kg，还原工序能耗优于 7.67kgce／kg，良品率达到 100%；通过从规划设计、项目建设、资产交付、运行维护直至资产报废的全生命周期的智能化管理，实现设备完好率不低于 99%，达到国际先进水平；外排废水达标率 100%，固废妥善处置率100%，废气达标率 100%，能源利用率提高 2%以上。

二、项目主要实施内容

（一）项目实施的主要内容

新疆大全通过提升整体架构设计、异构系统集成、设备互联互通、数据挖掘分析等方面能力，探索光伏行业数据采集—过程监控—能源介质消耗分析—工艺设备流程管理等全过程协同化管理方式，形成多晶硅工厂智能管控应用示范。

1. 研制多项光伏行业智能工厂相关标准

本项目制定了智能制造相关技术、数据、安全、评测等标准，以及工业软件和信息系统产品标准、相关应用服务规范。

2. 突破光伏行业智能工厂建设所需的关键技术

本项目通过技术优化形成了一批具有自主知识产权的平台，实现了成套国产化技术突破，大幅提升多晶硅智能化生产制造技术的自主化程度，助力我国多晶硅制造业提升国际竞争力。

3. 形成一整套光伏行业智能工厂构架

本项目通过先进的车间智能化设备和底层传感网络，建立了所有数据的网络交互，实现了对物料平衡、调度与优化、能源设备运行、生产及使用全过程的有机结合，可进行离线生产分析与管理，达到提升整体协同管控水平和节能降耗的目的。

4. 探索成熟的行业推广模式

本项目不仅可在多晶硅生产制造企业推广，也可为光伏、化工等行业的多家企业开展智能工厂建设提供重要借鉴。

（二）项目采取的主要措施

1. 管理目标

为贯彻制造强国发展战略、“互联网+协同制造”行动计划、工信部“智能制造”示范工程，本项目应用现代信息技术，推动生产和经营管理模式变革，重塑产业链、供应链、价值链，改造提升发展动能，围绕绿色化、智能化和高端化，全面开展智能制造示范工程建设，提高企业生产水平和效能。

2. 智能工厂深化应用蓝图

本项目根据《国务院关于深化制造业与互联网融合发展的指导意见》（国发〔2016〕28号）的要求，按照制造业与互联网融合模式，实施智能制造等重大工程，推动在线计量、在线检测等全产业链质量控制，大力发展网络化协同制造等新生产模式。围绕项目建设方案，坚持顶层设计、分步实施，按3年时间组织做好智能制造试点示范项目的深化实施工作。新疆大全智能工厂建设内容及业务架构如图18-1所示。

图18-1 新疆大全智能工厂建设内容及业务架构

3. 重点工作及实施计划

（1）经营决策智能化。

一是提升经营管理辅助决策模型。基于大数据的决策管理，以效益最大化为目标，针对生产经营过程中积累的海量数据，建设完善数据中心，运用大数据分析，并与生产运行实时数据、市场需求信息相关联，对日利润和生产成本进行实时分析预测，快速响应变化。

二是拓展业务流程管理系统。结合企业管理变革与创新，完善商务管理、岗位管理、绩效实时监控管理，以及制度结构化改造和流程再造。

三是进一步提升完善管控一体化平台。深化ERP与各专业系统的集成，实现单业务全流程应用和多业务协同应用。

（2）生产运行智能化。

一是多种传感器、仪表与检测方法融合技术。针对多晶硅生产流程中复杂的检测对象和环境，综合应用热敏、气敏、压敏等各种智能传感器、仪表和检测技术共同组成检测系统，多方面检测其生产过程数据，并采用软测量技术、模糊理论和神经网络技术等多学科交叉方法，构建相应的可测参数与无法直接检测的参数之间关系的数学模型，通过多参数分析、多传感器数据融合，综合推理检测结果，获取检测数据。

二是基于物联网的多晶硅生产信息集成技术。针对多晶硅生产流程中的高温、高压环境，研究利用 RFID、摄像头、红外传感器等感知、捕获和测量技术，对氯化氢和工业硅粉等生产物料、精馏塔和还原炉等设备及多晶硅棒等成品进行标示、定位和传感；针对多晶硅生产现场监测点数量大、传感器节点布局受限、分布不均匀等问题，研究基于 ZigBee、蓝牙、工业无线局域网等的大规模组网技术，包括系统设计、组网算法、路由协议及负载均衡等关键技术，保证实时数据能够可靠地进行传输、交互和共享；针对多晶硅生产过程中涉及生产、能源、物流和环境等方面的海量异构、多态数据，且数据信息普遍存在多变量、非线性、高噪声的特征，研究通过数据库技术以及数据挖掘、模式识别、智能分析和云计算等大数据智能处理技术对其进行高效、可靠、低廉的存储，并进行快速访问和分析。

三是多晶硅生产大数据平台建设。工业大数据平台建设是多晶硅产业升级改造、优化转型、达成智能制造的关键环节。针对多晶硅制造业的行业特点，其数据呈现多流程、多工艺、时序性强等特点。基于新疆大全已经安装的生产过程设备，包括新型检测、无线传感、物联网等相关仪器，搭建企业内部的云服务数据中心。平台部分的主要研究内容有：多元异构数据的特征抽取和融合技术，实时数据流处理技术，多传感器的数据补偿和校正技术。

四是多晶硅生产大数据挖掘和分析。建成工业大数据平台后，主要针对多晶硅产业降低环境污染指标、降低能源消耗、提高生产效率等问题，采用 Hadoop 搭建大数据挖掘与分析平台，挖掘有用的知识，为企业决策层提供数据科学支持，使企业利用大数据提升决策力和生产力，达到环境保护、节约能源和节省费用的目的，显著提升企业的社会效益和经济效益，增强企业市场竞争力。主要研究内容有：基于高通量分析的复杂系统大数据挖掘算法设计，基于高容错率的深度学习算法，基于本体的知识集成与可视化技术。

五是多晶硅生产关键单元机理建模。构建三氯氢硅合成与还原反应过程动力学、流体流动及热力学关系的工业反应器模型；研究还原炉内流场和温度场对三氯氢硅转化率、硅沉积速率、硅产率等关键指标的影响，优化反应过程运行参数，降低还原过程能耗；构建三氯氢硅合成与还原产物分离过程的机理模型；研究原料组成、进料负荷、进料热状态对分离过程能耗与处理能力的影响，优化各精馏塔的运行参数，改善精馏塔系的能质匹配，降低公用工程消耗。

六是多晶硅生产过程全流程耦合建模。在关键过程/单元建模的基础上，结合具体工艺流程进行各单元模型的集成，实现多晶硅的全流程模拟，研究关键分离和反应单元之间物料转化与能量传递对不同纯度（太阳能级和电子级）产品及其能量转化效率的影响规律。

七是多晶硅生产过程智能控制。以国内主流的改良西门子法生产工艺作为多晶硅的生产工艺，在 18 000 吨/年的多晶硅生产项目中，实现多重复杂控制方案，包括精馏塔回流比控制和还原炉进料控制。精馏塔回流比控制：针对连续精馏塔操作中的重要参数回流比进行串级均匀控制，同时考虑采出流量、回流量和回流罐液位三者之间的控制关系，利用采出流量控制器、回流量控制器、回流罐液位控制器及对应的调节阀等装置实现三者的串级均匀控制，进而得到满足条件的回流比，保证在整个精馏过程中的产品质量保持稳定，同时降低精馏能耗。还原炉进料控制：针对多晶硅还原炉进料系统进行进料比值分程控制，对系统中氢气进料单元和氯硅烷进料单元的进料进行分程控制和比值控制，稳定生产过程，降低氢气和氯硅烷的用量，提高多晶硅生产原料的利用效率，降低尾气处理工段的负荷和能耗。

八是多晶硅生产过程操作优化。针对多晶硅生产过程中生产工艺的参数进行优化是实现高效节能生产的有效途径。拟通过 Aspen Plus 软件对多晶硅生产中三氯氢硅精馏过程、多晶硅还原过程进行生产工艺的优化。三氯氢硅精馏过程优化：采用 Aspen Plus 软件，以三氯氢硅塔塔顶和塔釜三氯氢硅质量分数作为衡量标准，考察进料板位置、回流比和塔顶采出量对塔顶和塔釜三氯氢硅质量分数的影响，对进料板位置进行灵敏度分析，模拟优化得到预分离塔和三氯氢硅塔的主要参数，为工业生产应用中实现节能减排提供理论依据。多晶硅还原过程优化：利用 Aspen Plus 软件中的 Gibbs 反应器，基于 Gibbs 最小自由能原理，对三氯氢硅法生产电子级多晶硅进行模拟，优化操作参数，从而降低生产能耗，为实际生产应用提供理论基础。

（3）设备管理智能化。

一是关键材料服役质量与可靠性评估技术。主要针对关键材料服役过程中的质量评估问题，基于服役环境数据库、服役过程数据库、专家经验知识库等，开展服役性能退化机理、服役性能评价指标体系、服役过程参数与产品质量关联分析、服役可靠性分析等关键技术研究，实现在服役过程中对关键材料的质量进行有效评估，可以随时掌控服役性能状况。另外，将根据合成气、三氯化硅、四氯化硅等多晶硅产品的服役性能数据，综合建立产品服役质量评估模型，形成对现场服役的产品可靠性分析与风险评价的能力。

二是装备状态在线检测、运行故障诊断与预警技术。针对多晶硅工业中的生产装备服役状态评价需求，研发在线检测技术，实现实时在线状态检测、预警，保障生产过程安全运行。当装备发生故障时，对检测到的故障进行类型识别，判断故障发生的根源，并将相应信息融入产品全生命周期大数据。项目建设期间，针对多晶硅生产装备运行数据维数高、故障历史数据不足、测量变量关联复杂等特点，采用小波熵、小波分析和支持向量机等现代信号处理方法，提取对设备故障及寿命敏感的多尺度信息规律和特征，研究基于模糊聚类法的特征过滤技术；构建透明性、可控制性更强的B样条模糊神经网络，实现多层次数据融合，得到更准确、可靠的识别结果，实现故障预警，实施设备主动维护策略，同时建立基于性能退化模型与维修专家知识数据库的智能化故障预警和诊断系统。

（4）绿色环保管理智能化。

一是建立绿色环保可视图。实施对关键装置、有毒有害场所等各类排放口及环保设施运行情况的可视化监控。

二是对污染物进行智能监控。建立基于专家知识的原因分析库，应用自动识别污染物技术和扩散模型，实现实时监控数据异常情况的溯源分析，加强对污染物的管控。

三是对能源的智能化开发利用。针对多种介质与来源的能源供给、传输与消耗的基本情况，重点针对生产过程中各个装置和单元的能量／物质传递系统的协同作用机制建立能源、经济和环境的多目标优化模型，开发能源网络集成操作优化方法，实现多介质能源优化与能源梯级利用。

（5）健康安全管理智能化。

一是隐患在线监控。运用物联网和智能巡检技术，对现场作业、关键部位实施监管，实现异常主动预警、隐患在线监控。

二是进一步完善应急指挥体系。建设远程专家支持系统，提高快速响应和协同处置能力。

三是建立职业危害数据库。加强危害管理，支撑职业病危害管理、救援救护及调查工作。

四是建立智能检测危害。基于专家知识库和企业管理经验，建立危害评价工具、危害定量分析，实现生产作业场所职业病危害因素自动、智能检测与评价。

（6）企业资源计划系统建设。

一是完善基础硬件。通过购置存储备份系统，搭建统一的存储环境，实现数据的统一存储，完善备份机制，保障数据安全。

二是软件环境的搭建及完善。将目前使用的财务系统、ERP 系统更换为一体化 ERP 系统，使财务、采购、仓库、生产、质量、销售等都在一个系统中录入和处理数据，实现内部业务的系统化；建立现有 DCS、OA 系统与 ERP 系统的接口，实现数据交互。

三是 SAP 功能模块的开发。利用 SAP S/4HANA 软件，实现 SAP 财务管理、成本管理、采购及库存管理、销售管理、生产计划管理、质量管理、设备管理、人力资源管理等功能模块。

四是 ERP 系统接口开发。为 ERP 系统中的人员及组织架构数据提供接口；实现 ERP 与公司现行 DCS 的集成，完成 ERP 生产管理与 DCS 的生产过程管理的对接；完成 ERP 系统触发的审批需求与公司自主开发的办公 OA 系统的审批流对接。

三、实施成效

智能工厂建设是一个长期建设和持续创新的过程，既要符合长期战略规划，还要把握产业升级和企业核心竞争力的关键需要，不断融入新的信息技术和先进管理理念，占据智能制造的战略制高点。

1. 建立符合实施制造强国的战略规划

实施制造强国是中国制造业未来 10 年的规划，其明确提出：加大智能制造试点示范推广力度，开展智能制造新模式试点示范，遴选智能制造标杆企业，不断总结经验和模式，在相关行业移植、推广。新疆大全以建设智能工厂为抓手，大力推进研发与工程设计与生产过程的数字化、智能化，突破制约多晶硅行业两化深度融合的关键智能技术和重大智能装备，构建新型现代化大型智能工厂，显著提升生产能力、可持续发展能力，推动多晶硅产业链向高端发展。

2. 提高企业核心竞争力，实现可持续发展

近年来的信息化实践表明，智能工厂建设对新疆大全的发展和提升经济效益具有良好的持续推动作用。该项目的实施将进一步发挥集成创新的效果，提高新疆大全的核心竞争力。

3. 形成多晶硅行业智能工厂技术体系

当前，以云计算、大数据、传感器等为代表的新兴信息技术的持续革新，促进了工业物联网、泛在感知制造、智能制造协同空间等新的先进制造技术和模式的发展，将构成包括实时感知、海量信息处理、智能控制技术和相应标准等在内的新一代智能工厂体系，对制造业各个领域产生不可估量的影响。新疆大全智能工厂建设将与新技术的发展俱进，把新信息技术有机集成到智能工厂框架中，不断地融合吸纳先进管理理念，并促进新业态和新模式的集成创新，形成新技术探索、工业智能产品研发与智能工厂建设有机结合的高效机制，促进多晶硅行业可持续发展。同时，通过智能工厂的发展反哺新型智能 IT 行业，实现智能制造业产业化的良性健康发展。

4. 实现绿色产业供应链全面发展

本项目充分应用物联网、大数据等技术，紧密配合并满足地方监管部门、销售公司、园区企业及物流承运商的管理需求，实现数据与各方集成共享，实现管理与各方智能协同，实现产业链资源协同，推进智能工厂良

性发展。

四、实施经验

多晶硅智能工厂建设对新疆大全的发展和经济效益的提升具有良好的持续推动作用。本项目通过采用“两化融合”管理体系推动和管理智能工厂建设，实现智能工厂初步标准的制定，包括技术标准、数据标准、安全标准、评测标准，形成可推广、可复制的智能工厂模板。在智能工厂建设过程中，新疆大全攻坚克难，突破一批集成和优化技术，形成一批具有自主知识产权、能在多晶硅生产制造行业中进行推广的平台。该项目的不断完善和实施，将进一步发挥集成创新的效果，提高新疆大全的核心竞争力。

（曹伟、郑盛涛　供稿）

反侵权盗版声明

举报电话：（010）88254396；（010）88258888

传　　真：（010）88254397

E-mail:　　dbqq@phei.com.cn

通信地址：北京市万寿路 173 信箱

　　　　　电子工业出版社总编办公室

邮　　编：100036